三代のほとけ

現世を切り開く智慧と慈悲

木村義祐／木村自佑／木村文輝

大法輪閣

はじめに

仏教とは、お釈迦さまという「仏（ほとけ）」の説いた教えであるとともに、私たち自身が「仏（ほとけ）」を目指す教えでもあります。つまり、私たちは「ほとけ」を目指して精進《しょうじん》することを求められているのであり、「ほとけ」という言葉は、私たちが目指すべき目標を表しています。

この「ほとけ」の教えは、お釈迦さま以来、二五〇〇年にわたって大切に伝えられてきました。また、その教えは、お釈迦さまが活躍されたインドの地を離れ、中国、朝鮮半島をへて、我が国に伝えられました。このように、時代が変わり、土地が変わり、人々の考え方が変わっても、「ほとけ」の教えの中心は、変わることなく伝えられてきたと言うことができるでしょう。

禅宗に「嗣法《しほう》」という言葉があります。「法」、つまり真理や教えを、師匠から弟子へと代々「嗣《つ》」いでいく、継承していくということです。それは、一つの器に入っている水を、他の器に一滴残さず移し替えることにたとえられます。その時に、もとの器に入っていた水と、新しい器に移された水は、その量も質もまったく変わりません。けれども、水の形は、器の形によっていかようにも変化します。四角い器に入れられた水は四角い形にまとまり、丸い器に入れられた水は丸い形にまとまります。

「ほとけ」の教えも同じです。その本質は変わらなくても、それが説かれる時代や地域、あるいは人々の考え方によって、表現の仕方は変わります。それを語る人の個性によって、あるいは、それを聴く人の立場や能力によって、語られる言葉は常に変化していきます。仏教では、そのことを「対機説法《たいきせっぽう》」と呼んでいます。相手の立場や能力に応じて（対機）、法を説く（説法）ということです。

本書は、私たち三代が、それぞれに目標とする「ほとけ」を、それぞれの言葉で語ったものです。それぞれに師匠と弟子の関係であり、しかも実の親子でありながら、生まれ育った時代や環境の違い、さらには、それが語られた時期の違いにより、その語り口や内容はさまざまです。しかし、そこに込められた思いは共通するものだと思います。

「三代のほとけ」という本書のタイトルは、私たち三人を自ら「ほとけ」と呼んでいるわけではありません。そうではなくて、三人のそれぞれが理解した「ほとけ」の教え、あるいは、それぞれが目指し、その目標として追い求めた「ほとけ」をお伝えしたい。そのような思いをこの書名には込めました。
　第一部には昭和五十八年に遷化《せんげ》（逝去《せいきょ》）した私の祖父（木村義祐《ぎゆう》）が記した「ほとけ」、第二部には私の師匠でもある父（木村自佑《じゆう》）が記した「ほとけ」、そして、第三部には私（木村文輝《ぶんき》）の考える「ほとけ」がまとめられています。それぞれが語る「ほとけ」を超えて、本書を手にされた方々が、それぞれにご自身の「ほとけ」を見つけてくだされば、それほど素晴らしいことはありません。

木村 文輝

【カバー写真「文《もん》殊《じゅ》菩《ぼ》薩《さつ》画《が》讃《さん》」の全体図】

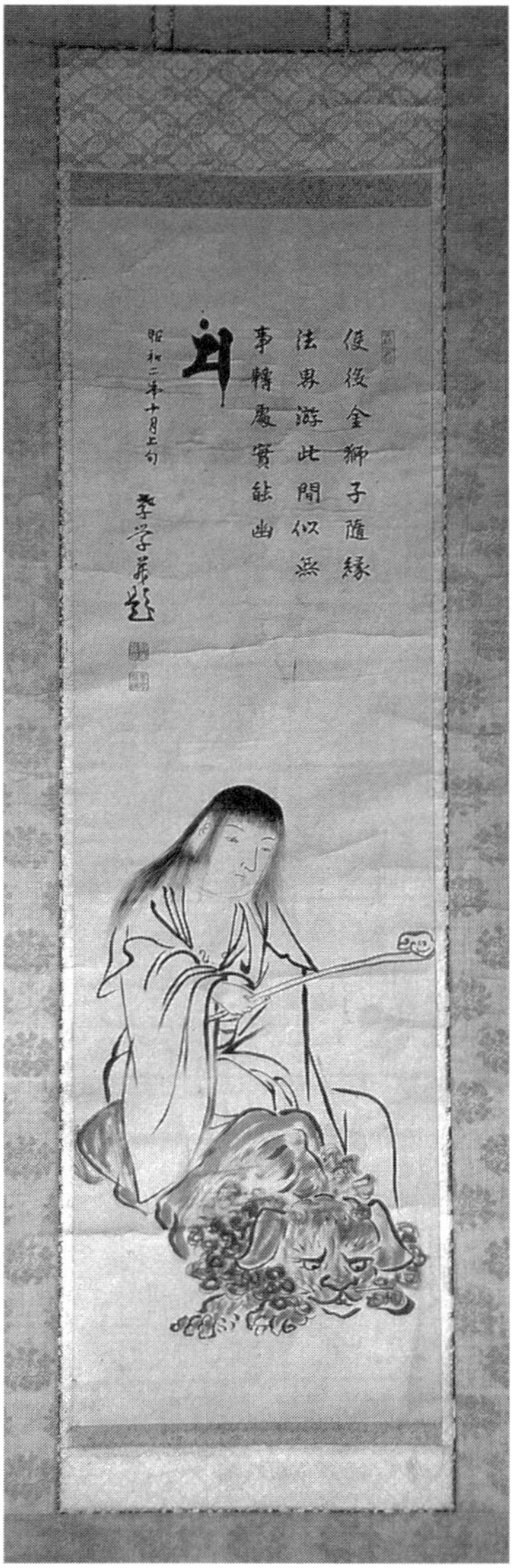

顕光院二十五世・加藤道順筆（深井喜久夫氏所蔵）

目次

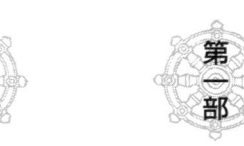

第三部

◎装幀……福田 和雄（FUKUDA DESIGN）

第一部

南《な》無《む》帰《き》依《え》仏《ぶつ》

木村義祐

瞑《めい》目《もく》合《がっ》掌《しょう》

異常の世の中には異常なる神経が働き、異常なる現象が起こります。かかる異常なる時代に一生を生き抜くことは困難なことだと思います。昔の先哲《せんてつ》も「上手に年をとることは難しいことだ」と申しましたが、自分だけの小主観的、エゴ的な善意や気持ちだけの努力では、善意も希望も達成することは容易ではないとつくづく考えさせられます。

物的変動、情報過多により、他に対しては極めて不信をかきたて、内に省《かえり》みて不安孤独に陥《おちい》りて、平安な時間もなく日々を過ごす時なればこそ、永遠の真理を説かれたみ仏や祖師方《そしがた》のみ教えを信じられる人の幸せを喜ばずにはおられません。自分に自分がわからず、自分の力量も信念も持ち得ない人は、とかく他人の言動に動かされやすい人でしょう。

「孤独は山になく、街にある。一人の人間にあるのでなく、大勢の人間の〝間〟にある」と哲学者、三木清《みききよし》は言いました。「掌《てのひら》を合わせて仏を想う　目をつむって己を想う　静かに想う」と古人は詠《うた》いました。たとえ身は騒音の裡《うち》にありましょうとも、理想は高く姿勢は低く、常に気持ちを平らにもって生き抜きましょう。心広ければ身体豊かなりと言われています。

人間掌を合わせている時が、一番気持ちの落ち着く時です。自分が自分になれる時です。いのちあることへの感謝のわく時です。この気持ちを外に広げた時、他に対しては愛となり、寛容となり、対話も民主主義もそこから生まれることでしょう。

合掌することは弱者の姿ではなく、卑屈なる態度でもありません。真に勇気ある人でなければ、素直に手が合わさりません。人は知れば知るほどわからないことがわかってくるもので、己の愚《おろ》かさに目覚めます。

み仏の前で、または墓前で瞑目合掌する時に、声なき声が、または心と心が触れ合います。悩める時、眠れぬ時、仏前に端座《たんざ》して仏名《ぶつみょう》を唱えてください。自分が自分になります。仏は人間の知識の届かない心の奥にあります。人間の心の内部は、宇宙全体よりも大きくて深いと言われます。

混迷の時代、危機の時代なればこそ、私どもに宗教は必要です。悩みあり、涙する日のあればこそ、み仏の教えが私どもには必要です。お互いに自分につながりの深いみ仏の教えを固く信じて、たとえ苦しくても心を大きく、寛《ひろ》く、豊かにもって、力強く生き抜きましょう。

（昭和五十年）

禅《ぜん》の姿勢

とかく私どもは見えるところや表面のみを飾り、粉飾《ふんしょく》して美しく見せかけようとしますが、見えるものは消えゆくものであり、移り変わるものです。見えないものこそ、永遠に通ずるもの、すべてのものを創造する原点でしょう。見えないところ、隠されたるところこそきれいにしましょう。

老子の説く「玄又玄《げんまたげん》　衆妙《しゅうみょう》の門」でしょうか。宗教的意識に生きるとは、その原点に目覚めることでしょう。信仰が深まるとは、今まで気づかなかったもの、見えなかったものが見えてくることでしょう。自分の心の中の罪の意識に、自分の心の汚さに、人間悪に気づくことでしょう。人はみんな同じ方向に向かって動いているものだということに気づくことでしょう。

平和五原則の提唱者、哲人政治家であるインドのネルー首相は、「私はどう進むべきかわからなくなると、静かに坐って掌《てのひら》を合わせて考える」と言いました。「静かに行く者は健《すこ》やかに行く。健やかに行く者は遠くまで行く」と詩人は詠《うた》いました。聖者は「仏の智慧は静かさの裡《うち》に生まれる」と言いました。千人走る中にもただ独《ひと》りゆっくりと歩いていくこと、これが禅の態度です。

戦前戦後を通じて、今ほど文明の利器を得て豊かな生活を享受し得た時代はないと思います。果たして、精神面も楽にしてくれたでしょうか。昼夜の別なく刺激は増して、精神的な負担が増して、不安感も多くなりました。今こそ無駄な神経を整理し、スッキリした気持ちで暮らしたいものです。禅はそれを教えております。理論や知識として知ることではなくて、身体で覚えることです。いたずらに痛い足を我慢して坐ることではなく、もっと大きなところに目的があるのです。

「人間の智慧と材木は枯れてから使え」と哲人は言いました。生木《なまき》ではすぐに建築資材にはなりますまい。知ることと行うこととは、時間的に次元を異にします。距離もあります。知識もこなれるまでよく考えて使わないと、生兵法《なまびょうほう》は大怪我のもととなります。知識を智慧にまで高めることが大切です。忙しければこそゆっくり静かに行くことです。動中静、静中動、これが禅の姿勢です。静かに坐して掌を合わせている時が、一番気持ちの落ち着く時です。自分が自分になれる時です。いのちあることへの感謝のわく時です。過去と未来につらなる現時点の自己に目覚める原点に立ち返る時です。

この時点より外を見、他を見る時、小我《しょうが》が大我《たいが》になるというのでしょうか。この気持ちを外に広げた時、他に対して愛となり、寛容となります。これを仏教は教えているのです。仏教は死ぬための教えでなく、積極的に強く正しく生きる人間学としての哲学であり、宗教です。

今や機械文明の極到に達し、爛熟《らんじゅく》して濁った西欧文化の弊害に目覚めた人々が、東洋文化、否、仏教文化、特に禅に目を向け始めております。人間理性の不安と限界に気づき始めた人々が、仏教に大きなものを見出さんとしております。私どもは先人の努力によって、物心両面の偉大なる日本文化を継承しております。これをより一層増進して、世界文化に寄与すべき責務があると思います。

（昭和五十一年）

仏教復権

イエスからマルクスに至るまで、独裁政治も全体主義も、一神論的宗教も、多かれ少なかれ狂信的傾向に走りやすく、昔も今も「イズム」や神の名において、いかに多くの人々が迫害や追放や弾圧やリンチを加えられたかは、西欧の歴史が実証しております。妥協を知らぬ一神論の頑固さ、厳しさ。これらの一辺倒《いっぺんとう》の不寛容思想の哲学や宗教では、絶対に平和は到来しないでしょう。他に対しての柔軟性、寛容性が大切です。

もともとギリシャの神のゼウスは怒りの神であり、キリストの神たるエホバも怒りの神であり、復讐の神であり、ねたみの神です。一切衆生悉有仏性《いっさいしゅじょうしつうぶっしょう》を説き、「因縁《いんねん》生ずるが故に有《う》なり」、「無自性《むじしょう》なるが故に空《くう》なり」と説き、無師独悟《むしどくご》せし仏陀の仏性観《ぶっしょうかん》とは違います。「宇宙は因縁の網である」と哲人ゲーテは言った。因・縁・果を自覚せよ、自分を大切にせよ、生命の尊厳に目覚めよと仏は教えたのです。とかく仏教というと、現実社会のよごれた表《おもて》づらのみが評価されています。今こそ現代人の知性をもって仏教精神を見直し、現代社会に生かしてもらいたいものだと願わずにはおられません。

英国の大歴史学者のトインビーは、『試練に立つ文明』や『一歴史家の宗教観』において、二十一世紀の宗教は仏教であると告白しております。私ども日本人は、日常の華道、茶道をはじめ、芸術、哲学、文学より日常生活に至るまで、仏教精神の中にどっぷりと埋没し、つかっておりながら、その真価を忘れて、畦《あぜ》の外に何かないかと探し求めている迷える子羊です。物に栄えて、心で滅ぶ心の貧しさです。仏教の真価は日本に定着し、根を下ろしております。今一度、それを見直し、立て直して生きてみることにしましょう。

（昭和五十二年）

シラケの時代

世界の各地において、今も局地的内戦や隣国同士の紛争が繰り返されており、南方諸国では農村地帯が戦場となり、若者は戦場に狩り出され、戦病弱者や老人や乳幼児が餓死寸前にあります。今年は国際児童年なのに、国連の大きい痛恨事となっております。それに引きかえ、今の日本は平和です。物は豊かであり、自由です。何をしようと、どこへ行こうと意のままです。シラケや甘えの横溢《おういつ》するこの頃です。こんな時代は日本の歴史上、未《いま》だかつて経験したことはありますまい。

社会福祉の面でもとやかくと言うものの、種々の年金制度、老人施設の充実等、こんな良き時代を知らずに世を去った人々に対して、同期の桜たる生存者にはもったいないと思われてなりません。戦後生まれの青少年にはわかりますまい。これ故に、若い人々のハプニングや暴走がおこるのです。

人は苦難に磨かれ、安逸《あんいつ》に堕落するものです。求めてまでも苦難をもつことはないけれども、誰も将来を的確に予言することはできません。人間、もって生まれてきた宿業《しゅくごう》のため、苦労しながら生き長らえていくものです。どんな苦労や災難にでも、耐え忍んでいく根性を養いたいものです。

（昭和五十四年）

第二部

南《な》無《む》帰《き》依《え》法《ほう》

木村白佑

情けは人のためならず

「もういくつ寝るとお正月、お正月には凧《たこ》あげて……」と歌いながら新年を迎える希望や喜びも、最近はだいぶ様変わりしてまいりました。年が改まる感激が薄れていくのは寂しいものです。同時に、そのような風習を支えていたお互いを思いやる義理や人情味も、近年は一段と薄れてまいりました。

「情けは人のためならず、めぐりめぐりて我が身にかえる」という言葉の意味を若い人に尋ねたら、「情けをかけてやると人のためにならないから、情けをかけるなという意味である」と返答されたという話が、ある雑誌に紹介されておりました。驚かされてしまいますが、これが事実でもあります。今の若い人たちの考え方の象徴のようにも思われて、苦笑させられます。人のために苦労を買って出るというような風潮は、今日《こんにち》極度に少なくなっています。面倒くさくて関わりたくないし、第一、自分のためにならない。目先の利益だけを追って、長い目で自己自身を考えようとしないからにほかなりません。

それというのも、今日の世の中が、あくまでも経済優先の風潮にあることに起因しているかもしれません。政治も、外交も、教育も、芸術も、あらゆるものが経済的生活を豊かにするために奉仕させられているのが現代の特色ではないでしょうか。情けをかけることは人のためではなく、自分のためである。この本来の意味をしっかりと把握して、お互いに、長い目で人生を考えるようにしようではありませんか。

（昭和五十七年）

感謝の心

しあわせは　ひねれば水の　出る暮らし

十一月の始め、毎日新聞の川柳《せんりゅう》欄に選ばれているこの句が私の目にとまりました。静岡の地は気候温暖にして自然の恵み豊かであり、水一滴に思いをめぐらすこともなく、ごく自然に生活できる所です。

外国人に言わせると、日本人が当たり前と思って感謝しないものが二つある。それは「水」と「安全」だそうです。山紫水明《さんしすいめい》の日本は安心して生水の飲める本当にありがたい国です。しかもお風呂に、洗濯に、おまけにトイレにまで平気で上水道を使用している国はほかにはないそうです。生活用水ばかりか、農業用水も工業用水も、ひねれば水の出る暮らしであります。

昔の歌に「吉野川　その水上《みなかみ》を尋《たず》ねれば　むぐらのしづく　萩《はぎ》の下露《しもつゆ》」と詠《うた》われており

ます。山の奥の水一滴がだんだんと集まって川となり、水道水となり、私たちの生活を支えてくれているのです。永平寺の入口である龍門《りゅうもん》（正門）には、「杓底《しゃくてい》一残水《のいちざんすい》　汲流千億人《ながれをくむせんおくにん》」と刻まれております。柄杓《ひしゃく》の底に残ったわずかな水も大切にされた道元禅師《どうげんぜんじ》の教えを、千億人の人が汲《く》んで、みんなが幸せになってもらいたいという意味であります。

日照り続きの水飢饉《ききん》の時の降雨を「干天《かんてん》の慈雨《じう》」と申しますね。水と土、空気と太陽、いずれも自然の理によって与えられたものです。そうした「おかげ」、「冥利《みょうり》」に思いをはせる時、はじめてすべての物にこもる命の尊さ、大切さに目覚めることができます。水ばかりではありません。食料も、仕事も、あらゆる一切の物に与えられる冥利の気持ち、すなわち感謝の心で暮らすことこそ本当の幸福ではないでしょうか。幸せは、朝夕、み仏さまを拝む、感謝合掌の生活の中にあると思います。

（昭和五十八年）

平《へい》常《じょう》心《しん》是《ぜ》道《どう》

時代の変遷《へんせん》の中にあって、外面的・物質的な豊かさより、内面的・精神的な心の豊かさを求めて、宗教・哲学・倫理道徳的な教示を求める人々が増えつつあるように思われます。そのことを反映して、ちまたでは「心の時代」というキャッチフレーズがよく眼にとまるようになってまいりました。

現実の問題として、自分を取り巻く環境問題や禁煙権運動から、世界的規模の核兵器問題、宇宙問題まで、枚挙にいとまがありません。しかし、その一つひとつを自分自身の問題として真摯《しんし》に反省、考察することは大変に結構なことでありましょう。同時に、自然を離れて人間は存在し得ないという自然観、いのちをこめて一つのものを作り、愛情をもってそれをいかすという物我《ぶつが》一体観、森羅万象《しんらばんしょう》のすべてに対する生命観など、仏教理念の素晴らしさが語られ、企業面においても労働面においてもそれらが重要視されております。

中国の南泉和尚《なんせんおしょう》は「如何《いか》なるか是《こ》れ道《どう》」という問いに対して、「平常心是《へいじょうしんこ》れ道」と答えられております。いかなる境遇《きょうぐう》に遭遇しても、平常心を失うことのない、日頃の心のあり方、持ち方を教えられたものであります。日常茶飯事の身と心の中に、宗教は生きております。また、比叡山《ひえいざん》をお開きになった伝教大師最澄《でんぎょうだいしさいちょう》は、「一隅《いちぐう》を照らす、これすなわち国宝なり」とおさとしになっております。一人ひとりが日々の職業をまっとうし、天職としてそれに邁進《まいしん》することで、社会に還元奉仕しようと努力することが「平常心」であり、「一隅を照らす」ということであります。ただただ、一層の御精進《しょうじん》あらんことを祈念いたします。

（昭和五十九年）

脚下照顧《きゃっかしょうこ》

ある本の中に、次のような話が紹介されていました。ある家でいつももめごとが絶えず、夫婦、親子、兄弟が「ああでもない、こうでもない」と争ってばかりいたそうです。そこで菩提寺《ぼだいじ》の住職に、「私の家はいつももめており、困っております。どうしたら穏やかに暮らせるでしょうか。教えてください」とお願いすると、和尚さんが、「あなたの家の人たちは、みんな善い人だからもめるのです」と答えました。「家中がみんな善い人なのに、なぜもめるのですか」と再び問うと、「『私が悪かった』と言う悪い人がいなくて、誰もが『私は悪くない、誰それが悪いのだ』と言っている。みんなが自分は善人で、相手が悪いと思っている。善人の集まりだからもめごとが絶えないのです」とさとされたそうです。お互いが批判しあってばかりいて、慈悲心、敬う心、思いやりのない人たちの集団では、家庭内における幸福の実現は無理でしょう。

国連の文化教育機関であるユネスコの憲章の中に、「戦争は人の心の中で生まれるものであるから、人の心の中に平和のとりでを築かなければならない」という一節があります。世界各国が、自分の国は絶対に善い国で、相手の国が悪い国だと非難合戦を続けていては、いつまでたっても平和な世の中は望めません。今年の世界十大ニュースのトップに、米ソ両大国の首脳会談が取り上げられておりました。世界全人類の平和希求に対しては、大小の問題が山積していることでしょう。しかし、一歩一歩と、たとえ長い道のりであっても相互信頼をよりどころとして、世界平和の達成のために努力していただきたいと念願いたします。

ところで、今年は戦後四十年ということが、何度も叫ばれてまいりました。十二月八日のニューヨークタイムズ紙に、「日本人にとって真珠湾攻撃は、今や単なる観光の対象であったり、受験に必要な知識でしかない」として、日本人の集団的健忘症を嘆く記事が掲載されておりました。激しい時代の急流の中にあって、真の平和を求めるには、自分の国の歴史を考察、反省すると同時に、一層の努力を欠かすことはできません。

禅語に「脚下照顧」という言葉があります。まず自分の足元を整え、姿勢を正し、真実の自分のあり方を見つめなさいと説くことで、自己反省を求めております。昨今、個性化の時代とか、個性の尊重ということが叫ばれておりますが、個々のイデオロギーや「イズム」の衝突によって、社会不安に陥《おちい》ってはなりません。誰もが単なる物知りの知識ではなく、豊かな良識ある知恵を働かせることによって、平和な時代が到来することを願わずにはいられません。

（昭和六十年）

自己を耕《たがや》す

　ある大会で、東京大学の木村尚三郎《しょうざぶろう》教授が「宗教に生きる――現代人の求めるもの――」という題で講演をされました。「今日《こんにち》のように、どこに未来があるかわからない不安な時代は、一人では生きられない。この低成長期にこそ、それなりの輝く知恵があるのではないか。お互いに集《つど》い、楽しみ、友達になる。そこから道は開かれていく。その生き方が現代の宗教なのだ」という主旨でした。

　近頃は、信仰心とか、宗派とか、宗教概念というような高尚な意識ではなくて、一人ひとりの宗教的感情というものが非常に大切にされて、大きな意味をもつようになってきました。十二月にクリスマス会に参加し、歳末にお墓参りをして一年の報告を行い、正月には各地の神社、仏閣へ初詣に出かける。それにしても、なぜ正月になると初詣に出かけるのでしょう。その答えは、自分なりに、自分の気持ちに聞いてみるほかありません。ただ、理屈はわからないけれども、今年も一生懸命に頑張りますとお祈りをすると、なぜか気分がさわやかになる。そして自分のお願いしたことの千分の一でも、万分の一でも叶《かな》えられたらいいなあというちょっぴりの夢を抱く。そうしたささやかな夢と明るさの中にこそ、現代人が真剣に求めているものがあるのではないでしょうか。

一人ひとりの誓いと、願いと、夢と、希望が混然として、今の自分の求めているものが生まれてきます。作家の大江健三郎氏は「信仰を持たない者の祈り」というお話の中で、生きていく上で、自分自身に誓願を持たなければ不安で仕方がない。祈りは絶対に必要だと話されています。

現代は、文明の時代から文化の時代に移りつつあるといえましょう。最近流行の超電導にしても、バイオにしても、新素材にしても、はたまたハイテクにしても、いろいろな技術の革新が生み出されたところで、それらが真に人類を豊かに、また、幸福に導いてくれるでしょうか。これまで、人々は技術文明の恩恵を受けてきましたが、これからはそれらに魅力を感じないようになり、もっともっと文化に関心を抱くようになるでしょう。「文化」という意味を表す英語の「カルチュアー」という単語には、もともと自分を耕すとか、自分自身が実際に加わって楽しむという意味があります。これこそが、現代人の強く求めていることでしょう。新しい生き方を求めながらも、温故知新《おんこちしん》の気持ちも立派に生かしていきたいと願います。

（昭和六十二年）

さとりの世界

本年は、国連が世界人権宣言を採択してから四十周年、また、わが国で人権擁護委員制度が発足してから四十周年という記念すべき年でありました。これらの宣言と制度は、世界のすべての人々が人間として自由に尊厳を謳歌《おうか》し、幸せに生きることを約束するものであり、真の世界平和を実現するための人類の指標となるべきものであります。

私たちの生命は、ただ肉体をもって感覚的に生きているわけではありません。すべて生命をもつものは、何か伸びゆく一定の方向をもっているように思います。植物は枝葉をそれなりに伸ばしたいでしょう。動物ならば、思うがままに食欲を満たしたいでしょう。同じように、人間もさまざまな思いや願いを抱いてこの世に生きております。

ところが、この世の中は、人間の欲求がそのまま叶《かな》えられるようにはできておりません。この生きる力を邪魔するのが苦悩であります。しかし、ほんの少しばかり見方を変えて、自分の側ばかりでなく彼方から見て、主観的ばかりでなく客観的に観察すると、表側と同時に裏側が判然とすることになり、その瞬間、世界が変わったように、明るい視界が出現したように感じられることでしょう。このような状態が、「さとりの世界」ではないでしょうか。執着心を離れた時、差別のない自由な心の状態になることができて、自己の尊さに気づいた時、すべてが同じように尊く見えるということです。

すなわち、すべての人間は生まれながらにして仏性《ぶっしょう》をそなえているということです。それだからこそ、この肉体は仏さまと同じ身体であり、その人格は尊いのです。しかも、その仏性はあらゆる人間が同等にそなえているのでありますから、すべての人間は平等なのです。

日本国は世界に比類のない立派な民主憲法をもっています。しかし、残念ながら思想的、哲学的、宗教的な裏づけが乏しいためか、生活上に実を結ばないきらいがあります。尊き仏心《ぶっしん》に目覚め、人々の仏性を侵すことなく、心を寄せ合い、自由であたたかい社会づくりに努めるように心がけたいものです。

（昭和六十三年）

業《ごう》の重さ

月日は百代《はくたい》の過客《かかく》にして　行きかふ年もまた旅人なり（芭蕉）

平成と年号が変わって、早くも一年がたってしまいました。昭和天皇の崩御《ほうぎょ》に始まり、実に多くのことが起きた一年間。何かとあわただしい月日ではありませんでしたか。

その中でも、世界十大事件の一つに数えられるのが、中国の北京《ペキン》市で起こった民主化運動でした。この運動に対して当局が行った血の制圧は、世界中の耳目《じもく》をそばだたせました。何がどうなっているのか、その真実は知るよしもありませんが、少なくとも何千という民衆が銃弾によって制されたということは明らかでしょう。わずかな画像によってさえ、目を覆《おお》いたくなる様相《ようそう》を見せつけられました。

新聞の社説に述べられていたことですが、毛沢東《もうたくとう》主席が労農赤軍に残したという「三大規律、八項注意」というものがあります。三大規律は、「一、いっさいの行動は指揮に従う。二、大衆のものは針一本、糸一筋もとらない。三、敵や地主からとったものは公のものとする」というもの、八項注意は、「一、言葉づかいは穏やかに。二、売り買いは公正に。三、借りたものは返す。四、壊したものは弁済する。五、人を殴ったり、ののしったりしない。六、農作物を荒らさない。七、婦人をからかわない。八、捕虜を虐待《ぎゃくたい》しない」というものでした。労農赤軍結成の頃に出されたこれらの規則は、当初は確実に厳守されていたということです。そうだとすれば、現在の人民解放軍の規律はどうなっているのでしょうか。

権力と名利の座についた者は、その驕《おご》りに目がくらんで、あえて愚行に及ぶのでしょうか。変動する内外の状勢、ニュースを聞きながら、幾千年と続く人間の「業」の重さについて、つくづくと考えさせられる思いです。

（平成元年）

五つの欲

年かわり、星うつりて、また歳を迎える。

正月や　冥途《めいど》の旅の　一里塚　めでたくもあり　めでたくもなし

一休禅師《いっきゅうぜんじ》がこう詠《うた》われましたが、まことに含蓄《がんちく》のある法語であります。仏教では、三法印《さんぼういん》の中で「諸行無常《しょぎょうむじょう》」を第一と考えます。この世の中は、一刻として止まることはない。時々刻々《じじこっこく》として移り変わっている。だからこそ、世の発展があり、変化があり、また消滅がありましょう。

お釈迦さまは八十年でその生涯を終えられました。その最期の説法の中で、「多欲の人は利を求むること多きが故に苦悩も亦《また》多し、少欲の人は無求無欲なれば則《すなわ》ちこの患《うれ》ひ無《な》し、(中略)少欲を行ずる者は心則《こころすなわ》ち担然《たんねん》として憂畏《うい》する所なし、(中略)少欲ある者は則《すなわ》ち涅槃《ねはん》あり」と説かれました。欲の多い人は苦しみや悩みが多いが、欲の少ない人は心配もないし、落ちついて、まことに平穏無事であるという意味です。

江戸時代の太田蜀山人《おおたしょくさんじん》の作と言われていますが、

嫁は十八　わしゃ二十《はたち》　ころは三月花の頃

へらぬお金が三百両　むすこ三人親孝行

死んでも命がありますように

という戯《ざ》れ歌があります。この短い歌の中に、よくもまあ人間の際限ない身勝手な欲望を謳《うた》いあげたものだと感心させられます。

幼な児《ご》の　しだいしだいに　知恵づきて　仏に遠く　なるぞ悲しき

人間の本性（仏性《ぶっしょう》）は、もともと純粋なものであるけれども、成長するにつれて世間智という垢《あか》がついて汚くなっていくというのです。仏教ではその垢を分析して、財・色・食・名・睡の五つの欲であると説いております。

まず「財欲」。バブル経済の破綻《はたん》ということで、数多くの不正があばかれました。そして、異常であることが異常であると気づかないことが異常であると、正しい金銭感覚の欠如が厳しく批判されました。

次は「色欲」。テレビのドラマ、週刊誌の話題など、事実は小説よりももっと奇になりました。五欲の中でも、この財と色とがトップクラスを占めており、

世の中は　金と女が　敵《かたき》なり　どうぞ敵に　めぐり逢いたい

と笑われております。

三番目が「食欲」。当節、日本では飢え死にをしたらニュースになります。みんな食べ過ぎて体調を崩しています。テレビ番組では食欲の旅を流し、世界各国の料理を紹介し続けています。新聞の川柳欄《せんりゅう》の一首が、

うまそうに　食べる阿呆《あほう》を　みる阿呆

と皮肉っていましたが、「腹八分《ぶ》、医者いらず」でありたいですね。

次は「名誉欲」。身のほど知らずのうぬぼれ心には戒心《かいしん》し、注意いたしましょう。

最後は「睡眠欲」。お釈迦さまは最期の説法で、「眠りほうけずに、真実に目覚めよ」と説かれています。

さて、この五欲は別の視点から見ますと、人間の生活本能でもあり、人生を送る上での活力源でもあります。どう調和させ、どう整理整頓していくか。どのあたりからが

「少欲と多欲」の分岐点になるのかを見きわめていこうと自らに問いかける時、それこそが、仏性に出会う時なのです。さまざまな出来事に出会い、また見聞するにつけても、知足《ちそく》（足るを知る）の教えの尊さは不変であります。

私たちは、仏教の精神文化の中に感謝と奉仕を教えられてきました。常に明るい知性と、豊かな常識をもち、高い技能を修得して、今日《こんにち》の繁栄を築きました。それと同時に、経済の倫理、生活の道義、宗教の実践にも、一層の国際化を求められています。それが、私たちの明日への課題ではないでしょうか。

（平成三年）

三本のケ

今、世の中は激しく、目まぐるしく変化しています。政治、経済をはじめ、社会全般にわたって言えることです。この移り変わりの中で、気になり、寒心に耐えないことがいくつかありますが、その中の一つが教育です。

教育とは、立派な人間に育成する、心身ともに培《つちか》うということが目的のはずなのに、心の大切さを忘れて、学力試験の点取り競争に追われています。衣食住の心配のない恵まれた環境の中で、遊ぶ時間も、家族の団らんの暇もなくなってしまいました。親と子、教師と生徒のつながりに、最も大事とされなければならない「接心《せっしん》」が欠けているのが現状です。

接心とは、日頃の生活や行動の中で、見たこと、聞いたこと、起きたこと、体験したことを、包み隠すことなく家族と語り合う情報交換のことです。このコミュニケーションがない。家庭は相対《そうたい》依存《いぞん》の場であり、「家、和して万事《ばんじ》成る」。これが原則です。お互いに忙しく生活していますが、暖かな家庭教育の重要性を再確認したいものです。

さらにもう一歩踏み入ると、家庭教育の根幹となるものに「なさけ、しつけ、なしとげ」が挙げられます。人間が万物の霊長という理由は、他の動物に比して「毛が三本多い」からだといわれます。その毛とは、先に述べた、情《なさ》ケ、躾《しつ》ケ、成し遂《と》ゲです。簡単であって面白い表現を昔の人はしたものです。

　人情が　譲り合ってる　雪の道

外気は冷たいのですが、ほほえましい光景が浮かんできます。

日本は経済が成長し、経済大国と言われ、いろいろの面で恩恵をうけ、便利さに満足しておりますが、精神文化の面では尊崇するものを見失って、そこここに荒廃が目立ってきました。衣食足りて礼節をわきまえぬ人、挨拶ができぬ人等々です。家庭は道徳上の学校であるとの認識をもって、目立たないけれども、日常の中で人生の深さを育てたいものです。

「ああしなさい、こうしなさい」と言うよりも、「やってみせ　言って聞かせて　させ

てみせ　ほめてやらねば　人は動かじ」が肝要ですね。

母さんの　叱る言葉に　進歩なし

大声のみでは馬耳東風《ばじとうふう》です。真の愛情は、とどのつまり、子供の心を見る親心の余裕にあると思われます。親を超えたすぐれた子に育てたいという教育の熱意はわかりますが、些細《ささい》な身の回りの気づかいがどうあるべきかによって、家庭も変わり、心豊かな子供の成長も期待できると思うのです。社会状勢がいくら変わろうとも、お互いに幸せを願う気持ちはみな同じです。やはり「心のふれあい」を求めて、たとえ外気は冷たくとも、心はいつも暖かくありたいと願います。

（平成四年）

少《しょう》欲《よく》知《ち》足《そく》

今年は日本全土が自然現象による災害をこうむりました。九州地方の台風による被害、東北地方を中心とした冷夏による米の凶作、日本が火山地帯の上に位置しているからか、止む気配を見せない雲仙普賢岳《うんぜんふげんだけ》の噴火、北海道南西沖の地震と津波等々。昔から、「災害は忘れた頃にやってくる」という言葉があるように、日本は災害の多い国であることを改めて思い知らされたのかもしれません。

現代を生きる私たちは、災害は個人の力ではどうしようもないことだから、国や地方自治体がなんとかしてくれるとか、保険もあるしというように、どこか他人ごとのように受け止めているところがあります。しかし、昔の人がことわざにして心掛けていたのは、災害や不幸はいつでも自分の身の上に起こり得ることで、決して他人事ではないということだったと思います。

起こり得る自然災害は、人間一人の力では何ともできません。天災ばかりでなく、最悪の人災——人間の我欲が引き起こす戦争——でさえも止めることはできません。

いずれにしても、ひとたび不幸が起きると、その修復に長い時間と労力、資金がかかることだけは確かです。自然から見れば、この地球上に住む人類はごく小さな存在で、運命共同体の仲間です。それぞれが各々の知恵を出し合っていかなければならないのです。

幸いアジアにおいて、日本は助け合いの手を差し伸べることができる国です。そのためにも、少欲知足（足るを知る）の実践をと考えます。一休禅師《いっきゅうぜんじ》は「金銀は　慈悲と情と義理と恥」と言われました。一休禅師らしい頓知《とんち》のきいた言葉ですが、上手に表現していると思います。新聞やテレビなどで報じられている贈収賄《ぞうしゅうわい》事件を知るにつけ、「知足」の大切さを謙虚に受けとめたいと思います。

経文に「若《も》し諸《もろもろ》の苦悩を脱《だっ》せんと欲《ほっ》せば當《まさ》に知足《ちそく》を観《かん》ずべし、（中略）不知足《ふちそく》の者は富めりと雖《いえども》而《しか》も貧し、知足の人は貧しと雖《いえども》而《しか》も富めり」と説かれております。いつの時代においても、人間の「業欲《ごうよく》」によって苦しめられるのは自分自身であります。お互い素直に「すみません」、「ありがとう」、「おかげさま」の言葉をかけあって、世の中が少しでも明るくあるようにしたいと念願いたします。

（平成五年）

和《わ》顔《がん》愛《あい》語《ご》

今の時代、世の中には物が満ちあふれすぎていますから、よけいにそう思えるのかも知れませんが、心の貧しさがとても強く感じられます。世間は殺伐《さつばつ》とし、人の心はギスギスしています。このような時代に、いちばん必要で、誰にでもすぐできる仏道修行が「和顔愛語」です。これは、いつも和《やわ》らいだ笑顔で人に接し、やさしくいたわりのある言葉を人にかけることです。

赤ちゃんや小さい子どもたちの顔が、とてもやわらかくてかわいいのは、彼らが無心《むしん》だからです。大人のように駆け引きや計算はもちろん、作り笑いとか、媚《こ》びへつらう笑顔などもありません。私たちも心を最大限に開いて、あらゆるものに無心に笑顔で接するよう努めたいものです。

ところで、お釈迦さまの教えの一つに、「すべての生きとし生けるものは、仏になれる種をもっている」というものがあります。これは、誰もがみんな仏であるという意味ですが、みんな同じ家族だというようにも受けとれます。そう考えれば、みんなが仲良しで、おたがいを大切に思い、笑顔で接し、慈《いつく》しみあうことができるはずです。

仏教では、悟りの彼岸《ひがん》に渡るために、六波羅蜜《ろっぱらみつ》、すなわち、布施《ふせ》、持戒《じかい》、忍辱《にんにく》、精進《しょうじん》、禅定《ぜんじょう》、智慧《ちえ》という六つの実践項目を説いています。その第一が「布施」ですが、その布施の中に「無財《むざい》の七施《しちせ》」というものがあります。

一、眼施《げんせ》　いつもやさしいまなざしをしている

二、和顔悦色施《わがんえつじきせ》　和らいだ顔、よろこばしいニコニコした顔

三、言辞施《ごんじせ》　いつもやさしく、いたわりの言葉をかける

四、身施《しんせ》　親切な行い

五、心施《しんせ》　親切な心、やさしい心で接する

六、床座施《しょうざせ》　すすんで座席を譲り、楽をしてもらう

七、房舎施《ぼうしゃせ》　家でゆっくり休んでもらう

この七つをいいます。いつでもだれにでもできる布施の行です。

この中の二番目の「和顔悦色施」というのが、「和らいだ笑顔」なのです。さらに三番目の「言辞施」。一つひとつの言葉の中に、真心のこもった誠意ある挨拶、会話を心がけたいですね。言葉には言霊《ことだま》という魂が宿ると言われています。文字は消せるが、言葉は消せません。口は災《わざわ》いのもとになります。さらに「身口意三業《しんくいのさんごう》」といって、口は善いにつけ悪いにつけ、重大な結果を引き起こすもとになると仏教では考えます。言葉は大事にしたいものです。

昔から、「愛語は愛心より起こる」といいます。心があれば、必ずやさしい言葉が発せられるはずです。誰もが、やさしいいたわりの言葉を交わし合うようになれば、どんなにか社会が穏やかになってくるでしょう。それぞれの生きる道が明るくなるにちがいありません。

永平寺の開祖、道元禅師《どうげんぜんじ》は、やさしくいたわりのある言葉で、世の中を大転廻《だいてんかい》することができるということを、次のようにおっしゃっておられます。「愛語能《よ》く廻天《かいてん》の力あることを学すべきなり。」今一度、味わってみてはいかがでしょうか。

（平成六年）

正しさの基準

「智に働けば角《かど》が立つ。情に棹《さお》させば流される。意地を通せば窮屈《きゅうくつ》だ。兎角《とかく》に人の世は住みにくい。」夏目漱石《なつめそうせき》の言葉です。御存知の方も多いと思いますが、人生の機微《きび》ともいうべき微妙な綾《あや》を、実に的確に表現していると思います。

この人生を正しく生きようとする時、意外とそれが難しいことに気がつきます。それは犯罪を犯すとか犯さないとかということではなく、「絶対自分は正しい、間違ったことをしていない」と自信をもって行動している時に陥《おちい》る落とし穴です。

私たちは、長さを測《はか》る時には物差《ものさ》しを使います。重さを計る時には秤《はかり》を使います。では、正しさを決めるのは何でしょうか。刑法とか民法などの法律がありますが、それだけで物事のすべてを推《お》し測ることはできません。道徳とか習慣とか、さまざまな要素が絡《から》みあって正しさの判断がなされると思いますが、その判断の基準が人によって多少違うのです。人それぞれの判断の基準は、その人の価値観によって左右されます。

自分は正しいと思っているのに、あの人は間違っていると言う。そういうことはよくあることです。その時、自分の正しさをどこまでも主張することを、「智に働けば角が立つ」と言うのでしょうか。

少し難しいことを言いましたが、人生で非常に大切なことだと思います。自分は正しいと思って行動しているのに、他人に理解してもらえないという時、腹が立ちます。「自分は間違っていない」という自信があるから、ゆっくり考えるゆとりもありません。このような時、多くの誤解を招き、もめごとやトラブルなどが生じやすいものです。また、事件にまで発展してしまうこともあるでしょう。

平素から、物事の正しさというものは一つだけではない。もっと違う角度からの考え方もあるということをわきまえていると、自分の考えのほかにも、もっと素晴らしいことがあるかもしれないと思い、落ちついて人の意見を聞くゆとりが持てます。このような幅広い考え方ができると、相手の言い分はどうにも納得できないけれど、「まあいいか、我慢しよう」と言って、いわゆる「情に棹させば流される」ということはなくなります。そのかわりに、お互いの意見をつきあわせて、「なるほど、こういう考え方もあるのか」と思いながら、一つの知識が身につくでしょう。このようにして、次第しだいに人格の奥行が深くなり、成長していくのだと思います。人生の道のりは長いのです。焦らず、ゆっくり歩みましょう。

（平成七年）

モアイ像の教訓

この歳になると、世の中は常に変化し、とどまることを知らないものだという、信念のようなものを持つようになります。子供の頃は戦時中で、食べ物のみならず、生活必需品にも事欠く毎日でした。戦後は成長期にもかかわらず、いつも空腹を抱え、厳しいインフレに追いたてられて、やっと生きてきたという感じです。ようやく昭和三十年頃になって社会も一応落ち着き、やがて高度経済成長期を迎えることになりました。その間も景気の浮き沈みは幾度もあり、「社会の寿命は三十年」と言われるように、企業の栄《えい》枯《こ》盛衰《せいすい》を何回も目の当たりにしてきました。そして、あのバブル期を経て、ここ数年、政治的にも、経済的にも、社会的にもあらゆる面で大きな変動が続いて起こっています。このように、いつの時代にも、その前の時代には思いもよらなかった新しい出来事や考え方が現われ、そしてまた、次の新しい変化が出現していくのです。

しかし、今回の変動はこれまでとはいささか趣《おもむき》を異にしています。堺屋太一《さかいやたいち》氏はその著『「大変」な時代』の中で、現代の変動は明治維新、終戦と並ぶ三番目の大きなもので、これまでの右肩上りの時代から、「うつむき加減の時代」に入るものだと述べています。すなわち、企業の海外移転や高齢化が進み、日本は低成長の時代に入ったのだというのです。これからは「自尊《じそん》」と「好縁《こうえん》」の時代、つまり、自分を大切にする精神と、仕事の関係ばかりではなくて、お互いに好みでつながる人の縁が大切になる時代だと論じられています。たしかに、これからは人間に眼差《まなざ》しを向ける時代になっていくと言えましょう。

中野孝次氏も数年前のベストセラー『清貧《せいひん》の思想』の中で、日本では伝統的に人間と自然が共存しており、世俗的な名誉とか、地位とか、財産とかにこだわらない生き方、すなわち清貧という考え方があったことを示していました。

十九世紀に科学が大発展を遂《と》げたことの延長線上で、今世紀はすべての面において、人類がこれまで経験したことのないような進歩を遂げました。しかし、人類が築いた文明が、人々の欲望や衝動を駆りたて、ついには人間の存在そのものを脅《おびや》かすような事態も招いています。例えば熱帯林の乱伐、海洋汚染、酸性雨、フロンガスによるオゾン層の破壊、地球温暖化などの、いわゆる環境破壊の進行です。二十一世紀を控えて、我々は自らの足下をしっかりと見据《みす》え、さらに昔の人々の知恵を生かして、こうした事態を回避するための努力が必要でしょう。

先日見たテレビの番組で、巨大な石像、モアイ像で有名な南太平洋上にあるイースター島が、なぜ樹木の一本もない裸の島になってしまったのかが取り上げられていました。日本の小豆島《しょうどしま》ほどの小さな島に、巨人をかたどった石像が何百体と作られて、海岸に並べられています。ところが三百年ほど前に、突然石像が作られなくなったということです。その原因は、島の山の中から石を切り出し、石像を加工し、さらに海岸まで引っ張っていくために、大量の木材が必要となりました。そのため、島中のすべての木を切り倒してしまい、あげくの果てに、島の肥沃《ひよく》な表層土《ひょうそうど》も雨で流出してしまったがために、今では大きな樹木のない裸の島になってしまったのだというのです。あのやや哀愁を帯びた表情の巨大なモアイ像たちは、無言のままに私たちに大きな教訓を語りかけているように思われます。

このように、有為転変《ういてんぺん》の激しい時代に、自分が生きる時代の真実の姿をしっかりと把握して、これからどう生きるべきかを考えることは、ますます必要となってくるでしょう。

（平成八年）

人間はまちがう

ある本に、作家、三好京三《みよしきょうぞう》さんの「人間はまちがう」という文章がのっていました。三好さんは作家になる前に、三十歳頃から十四、五年の間、山の小学校分校《ぶんこう》の教諭をされていたそうです。その分校へ、四、五人の女性を相手に、七、八人の子どもをつくったと噂される老作家が訪ねてきました。十歳くらいの女の子を連れている。はじめはその子を他人の子だと言っていましたが、実は、よその奥さんとの間に自分がつくった子どもでした。そして驚いたことに、その女の子は十一歳になっても小学校に入っていなかったそうです。そこで、いろいろな事情を考えた三好さんは、「女の子をこの分校に留学させた方がよいと思います」とすすめ、この女の子を分校の宿直室《しゅくちょくしつ》に下宿させると、同居しながら分校に通わせたとのことでした。

この老作家はコスモポリタン（世界中を廻《めぐ》り歩いている国際人）と呼ばれる有名人でした

が、不倫をし、子どもをもうけながら、その子どもに義務教育を受けさせていなかったのです。いくら小説を書き、エッセイを書いている有名人であっても、人間失格にはちがいありません。その後、この老作家は時々娘に面会にきて、たまには分校にも泊まっていきました。そして、娘を分校の児童として受け入れてもらったお礼のつもりでしょうか。ある時、一枚の原稿用紙に「人間はまちがう」と書いて三好さんに渡されたそうです。その後の詳しい内容は忘れましたが、どのように賢い人間であっても、人間は誰もがまちがいを犯す、そういう存在だということであったと思います。猿も木から落ちるが、人間は猿以上に失敗したり、まちがったりするるのです。

この時、この老作家は八十歳くらいでした。この年齢でつくづく悟った境地が、「人間はまちがう」ということなのです。すると、私のような若僧がしばしばまちがえるのはあたりまえでしょうか。やがて私は、「人間誰もがまちがう。そして、自分のまちがいは隠し、人のまちがいばかり言いたがる」ということに気づきました。

三好氏自身も過去を述懐《じゅっかい》して、投げた石が幼児の頭にあたり、それが原因かどうかはわからないけれども、その子が二年後に死んだこと。ラブレターを書いたら相手の母親に見つかり、相手の女の子がきつく叱《しか》られたこと。高校時代に喫煙して停学をくらったこと等々があると書かれていました。

私自身も小学校二年生の時に、チンチン電車のレールの上に豆粒ほどの小石を並べたことを友人に密告されて、豆粒大の石がこぶし大になり、先生に叱られ、親にもこっぴどく叱られたことがあります。その時は密告されたことや、豆粒石が大石にかわったことを逆恨《さかうら》みもしました。

たしかに人間はまちがう。そういう存在だからこそ、実は他人のまちがいは大らかに許し、自分のまちがいは厳しく責めなければなりません。そして今、私は「人間はまちがう。しかし、やり直しはきく」と思っています。八十歳の老作家のみでなく、三好京三氏も、私自身も、まちがえてはやり直しの人生を、毎日繰り返しているのではないでしょうか。「人間はまちがう。しかし、やり直しはきく」という信念をもって、日々精《しょう》進《じん》したいと思います。

（平成十年）

時代の曲がり角

今日《こんにち》、日本はこれまで経験したことのない新しい道を、自らの力で切り開いていかなければならない大変な時代を迎えています。日本経済は世界経済の中に完全に組み込まれており、世界の平和なくして日本の繁栄はなくなりました。一方、アメリカをはじめとする世界各国との交易によって、日本は再び巨額の貿易黒字を抱え、円高ドル安のために輸出産業は苦境に立たされています。産業構造のさらなる変革とともに、生産拠点の海外移転など、一層の国際化を進めざるを得ない状況になっています。

こうした時代の中で、企業には時代の流れに対応できる柔軟性が必要とされています。市場の変化に応じた新商品の開発や、企業組織の活性化、現場を熟知したトップの決断と、それを支える哲学がますます求められる時代になってきました。

過去において、優れた文明を生み出して繁栄していた国家が崩壊する時、その原因は外的な力ではなく、内的な崩壊にあったということが指摘されています。現在の日本も、いつまで今のような繁栄を続けていけるのかという問題に直面しています。

振り返ってみますと、終戦以来、日本はそれまで大切にしてきた仏教や儒教の考え方を否定し、貧困は悪であるという認識の下に、経済的な豊かさのみを追い求めて努力してきました。そして、経済的には豊かになった今日、金のためには何をしてもよいとか、法律に触れなければかまわないという風潮が多く見られるようになりました。社会秩序のあり方や、人間の生き方に、心の不在を感じることが多くなっています。さらに、かつての「新人類」という言葉さえも色あせるほど、年齢による考え方の違いも大きなものになってきました。

今まさに、地に足のついた生活、本物を見極める目、真実を直視して考える力、相手の立場に立ってものを考える態度、話し合う姿勢が求められています。人間の生き方や親子関係、社会のあり方といった基本が問われているのです。宗教や哲学を見直すべき時代だと言えるでしょう。

（平成十一年）

強さと弱さ

本年は二十世紀最後の年ということで、ミレニアム、二〇〇〇年と大騒ぎされてきました。しかし、振り返ってみれば、いつもの年と何ら変わることもなく、悠久なる自然の中で、一日一日が静かに過ぎ去りゆくのみです。

こうした日常生活の中で、私たちは時々、二つのものを比べてどちらがよいかと迷うことがあります。例えば海と山のどちらが好きかと聞かれても、簡単には答えられません。また、どこへ行こうかと尋ねられても、時と場合によっては選び方も異なってきます。けれども、美《び》か醜《しゅう》か、真《しん》か偽《ぎ》か、強《きょう》か弱《じゃく》かというように、中には一方を躊躇《ちゅうちょ》なく選び取ることができる場合もあります。美や真や強が好ましいのは明らかで、はじめから勝負がついているからです。とは言え、美や真や強というものは、それを手にしたいという願望の表れであり、夢の如きものかもしれません。強と弱とを例にとれば、弱いより強い方が好ましいのは当然です。しかし、強い人とはいかなる人物であり、弱い人とはどんな人間かと考えると、これは難問です。数字で表されるような運動能力であれば、速さにしても、力にしても差は明らかですが、人間の能力はむしろ数字では表せぬものの中に宿っています。身体の弱い病気がちの人でも、闘病の姿勢や、なし遂《と》げた仕事の量と質に驚かされることも多々あります。そういう人は弱いどころか、むしろ強い人間に含まれることでしょう。そう考えると、強さと弱さについてはわからぬことばかりなのです。

では、自分自身についてはどうでしょうか。強がりを通す人もいますが、だいたいは自分は弱い人間であると決めていないでしょうか。臆病《おくびょう》で、怖いものには近づかず、少しでも恐ろしい事態が起こりそうになれば逃げ出してしまいます。暴走族も集団になれば凶暴的な強さを誇示しますが、一人になればひ弱な人間です。最近、スポーツ選手などがイメージ・トレーニングと称する心理的な練習に励んでいます。これは目的を遂行し得た場合の自分の姿を頭に描き出すことによって、成果を上げようとする試みであるそうです。シドニー・オリンピックの女子マラソンで優勝した高橋尚子選手を育てた小出《こいで》義雄監督の指導法は、その顕著な好例ではないでしょうか。どうせ弱い人間であるのなら、むしろそのことを深く自覚して、弱さに徹底してしまった方がよいかも知れません。なまじ強くなろうとするから、中途半端な気持ちが激しく揺れ、結果的にはかえって悪くなる。無理して大きな石を一気に担《かつ》ぎ上げるのではなく、弱さの底から小さな石を積み上げることによって、どの高さまで届くのかをこそ確かめるべきではないかと思います。

ただし、弱さの開き直りには大きな落とし穴もあります。どうせ自分は弱いのだからという諦《あきら》めに甘え、はじめから闘いを放棄してしまう危険です。弱さの自覚とは、諦めとは反対の闘う姿勢にほかならない。例えば、兎と亀の競争です。亀は前進を止めなかったから勝ちました。弱さにはそれなりの自負があります。いいかげんな強い人になるよりも、まともな弱い人になる方が難しいのです。私たちの日常生活も、ストレスのたまりやすい社会環境の中にあります。その時強くあるべきか、それとも弱さを自覚するべきかと迷うことも多々あります。しかし、他人の立場も考えて対処する時、はたして好結果はどちらの態度から得られるでしょうか。皆さんは、どのように考えられますか。

（平成十二年）

変革の時

　ここ数年来、社会のさまざまな分野で「改革」という言葉が喧伝《けんでん》されています。政治、経済、教育、司法、それに医療福祉など、あらゆる場面で改革の必要性が叫ばれていると言っても過言ではありません。しかも、改革が求められているのは決して日本ばかりではありません。地球の温暖化防止を目指す京都議定書の問題は、企業の利益追及や、経済成長のみを最優先する従来の姿勢を、世界中の人々が、そして、現在という時代そのものが許さなくなっていることを如実に示していると言えるでしょう。

　何のための利益追求であり、何のための経済成長なのか。そのような問いかけは、経済的な豊かさにもかかわらず、家族や自然との絆《きずな》を断ち切られ、活力を失い、生きる意味さえをも見失った現代の人々の間に、虚無《きょむ》的な人生観が広まりつつあることの反映ではないでしょうか。つまり、誰もが人間らしく生きたいという切実な願いを抱きながらも、実際にはその願いが満たされないという現実が横たわっているのです。この矛盾を打開するためには、まず何よりも、「人間とは何か」という古くて新しい問題をつきつめて考えてみることが必要ではないでしょうか。

私は、人間が人間であることの尊厳を示すのは、信念の存在であると考えます。信念を貫き、その信念を実現するためであれば、人間はたとえ苦しくても幸せになることができます。自らの人生の目的と使命、人生における志を見出し、自らの生活を通してそれを実現していこうとすることこそが、人間にとっての本当の幸せだと言うことができるでしょう。

しかし、現在の社会のシステムは、そのような人間観、人生観を原点に据えておりません。私たちはひたすら経済成長を追求するあまり、損得の計算ばかりに敏感になりすぎて、自分の人生にどのような意味があり、どのような目的があるのかという基本的な事柄を、いつの間にかなおざりにしてきたように思います。

だからこそ、根本からの改革が必要とされているのです。古い考え方にこだわれば、改革による打撃もあつれきも大きなものになっていきます。けれども、旧弊《きゅうへい》を打破し、時代に即応《そくおう》した変革を求めようとすることは、私たちの中から自然に生まれてくる欲求だと言えるでしょう。時代はまさに変革を求めています。その風をもっとも素直に感じ、すでに動き始めているのは、むしろ一庶民である私たちではないでしょうか。

（平成十三年）

真の幸福

わが国では、かつて公害事件が相次いで発生し、それをめぐる裁判が次々と争われた時期がありました。その時、カネミ油症事件の被害者を代表して、原告となった人々の中に紙野柳蔵《かみのりゅうぞう》さんという方がいました。しかし、紙野さんはその裁判の途中で、「公害裁判は空《むな》しい」と言って、原告団の一員から降りてしまいました。紙野さんは幾つもの公害裁判を通して、裁判に勝利を収めて多額の補償金を受け取ったがために、逆に人生を狂わされてしまった人々の姿を数多く見てきたのです。

今まで仲良く暮らしてきた肉親と、金のために争う人々。持ち慣れない大金を手にしたことで遊び癖がついてしまい、人生を転《ころ》がり落ちていった人々。補償金を元手にして事業を始めようという話に乗せられた結果、事業に失敗したばかりか、相手に逃げられて人間不信に陥《おちい》った人々。この人たちは、公害で傷つけられた悲惨な身体のまま、心の安らぎさえもどこにも見出すことができなかったのです。それどころか、争いを通して心に負った新しい傷は、その後の人間関係の中で一層深まり、恨みにまで発展していきました。

お金がいけないのではありません。お金や物をいかしきれないところに問題があるのです。いわば、一人ひとりの生き方の問題です。裁判は、心の育成まではしてくれません。ですから、「裁判で勝ってよかった」だけでは終わらないのです。負けた方には恨みが残りますし、心の問題はお金や物では片づきません。裁判の件数は年々増加しておりますが、裁判で幸せを手に入れることはできないのです。公害裁判は、公害とその被害の因果関係をめぐる科学論争に終始して、人間の心の問題を置き去りにしたまま進められました。そのような裁判で、たとえ要求どおりの補償金を勝ち得たとしても、被害者は真の意味で救われたことにならないと紙野さんは訴えたのです。

現在、世界中の科学者たちが地球と人類の未来のために、環境汚染の処理方法を研究しています。一般の人々の間からも、環境や食品の汚染を何とかしようという運動が広がっています。とても大事なことですね。けれども、美しい自然の秩序を蘇《よみがえ》らせるためには、そこに生きる私たち一人ひとりの心が、自然のもとに帰っていくしかないでしょう。私たちの生命は、大地が育ててくれたものを食べることで生かされています。そして、私たちの日々の小さな営みは、自然の優しさと温かさによって支えられています。この大いなる自然の中で暮らしていけることに対して、感謝の念を忘れない日々でありたいと思います。

（平成十四年）

いのちの哲学

過日、書家であり、詩人でもあった相田《あいだ》みつをさんのカレンダーを拝見しました。「つまづいたっていいじゃないか、人間だもの。」なんの飾り気もない表現の中に、人間としての苦しみや悲しみを慰《なぐさ》める「いのちの哲学」が浮き彫りにされています。

彼は大正十三年に栃木県足利《あしかが》市に生まれました。旧制の足利中学校を卒業後、地元の曹洞宗高福寺《そうとうしゅうこうふくじ》の住職、武井哲翁《てつおう》老師に在家のまま師事し、老師を通じて道元禅師《どうげんぜんじ》の『正法眼蔵《しょうぼうげんぞう》』を学び、人間としての「本当の生き方」を学びました。その仏法の教えなどをやさしく、自分の表現で説いた詩文や独特の書が脚光を浴び、多くのファンが生まれました。

学歴もなく、軍事教練も不合格。二人の兄の戦死の報に、狂わんばかりに悲しむ母親の姿や、貧困に苦しめられた暗い少年時代の体験が、真実の仏法に導かれて「相田芸術」を開花させたのでしょう。昭和二十九年に第一回の個展を足利市で開き、以後各地で「自分の言葉、自分の書」による作品展を開催しました。また、第六回毎日書道展に入選し、以後連続入選されました。さらに、昭和五十九年に出版した『にんげんだもの』はミリオンセラーとなり、その後も『一生感動、一生青春』『おかげさん』『育てたように子は育つ』がロングセラーになりました。平成三年に六十七歳で亡くなるまでの一つひとつの足跡が、人々に深い感動を与えてくれました。

本年十一月一日より、有楽町駅前の東京国際フォーラムビル内に相田みつお美術館が移転開館いたしました。来館者の方々のアンケートを見ると、子育てに悩む母親、リストラされた中高年男性、がん患者など、人生の砂漠の中で傷つき、迷い悩める人々が心の支えを求めている姿がうかがえるそうです。静かに作品を見て回る人々の表情は多様でしょうが、やさしく、それでいて味わい深い言葉で独自の人生観を語り、力強く繊細な筆致《ひっち》が胸を打つ相田さんの一言《ひとこと》は、まさに人生の応援歌と言えましょう。

いいことはおかげさま、わるいことは身から出たさび　（みつを）

（平成十五年）

諸《しょ》行《ぎょう》無《む》常《じょう》

「人生五十年」とか「七十年古来希《まれ》なり」という言葉がありました。これはほんの三、四十年前まで、人々の一生について語られていたものです。けれども、今や「人生八十年、いや九十年」と書き換えられるべきかも知れません。とは言え、四十代、五十代で他界《たかい》する人も多いので、必ずしもこの観念が当たっているとも言えません。皆さんの周囲ではいかがでしょう。

お釈迦さまは、「人生百年」と考えたとしても、この世の道理をしっかりと腹に納めることができなければ、その人の一生は無為《むい》に終わり、充実した一日を意義あるものとして過ごしている人には及ばないとお示しになられました。それは、どういうことでしょうか。

まず、この世に存在する「すべてのもの」が、どのようにしてこの世に起こり、どのようにして消滅するのかという道理に目覚めていくことが勧められます。仏教では、その道理を「諸行無常」と表現します。世の中が無常（常に同じではなく、移り変わっている）であるという道理は、世の中のすべてのものは、時々刻々《じじこっこく》移り変わり、生々流転《しょうじょうるてん》しているということです。

赤ちゃんは日に日に成長していきます。一方、年々歳々年を重ねることによって「老」を感じるようになります。あるいは、気候風土、寒暑晴雨《かんしょせいう》などの条件によって、体調の乱れを感ずるかも知れません。そこに「病」という不調を訴えることもあるのです。私たちは仮に百歳という長寿を保ったとしても、いつかこの世を去らねばなりません。この「生老病死《しょうろうびょうし》」を人生に欠くことのできない「四苦《しく》」と言うのです。それに加えて他の四苦があり、それをあわせて「八苦《はっく》」とも言います。しかし、「苦」の裏返しには「楽」、すなわち平穏がついていることを忘れてはなりません。

ところで、一般には「無常」と言うと、すぐに「死」を連想し、「ほろびゆく姿」と受け取るものですから、すかさず「縁起《えんぎ》でもない」と言われてしまうのです。しかし、「縁起」という言葉は、本来「死滅、ほろび、消滅」を指すものではありません。この世に存在するすべてのものは、何事によらず原因があって変転しているということです。たとえば、私という存在は、直接原因、すなわち両親があり、祖父母があり、さらにその上の世代があってこそ生まれてきます。さらにその生は、大きくは宇宙の運行、寒暑、風雨等々、気づかぬ間接原因というべき条件によって生かされています。もちろん人間ですから、それらの原因によって起こる「精神的な働き」も重要な問題となるでしょう。

「病は気から」とよく言われます。どんな人でも外部の人の言行が気になりますね。世の中には気になることがたくさんあるのです。風邪をひいたら、「あの寒さの中で無理をしたからだ」と考えてみたり、「風邪は万病のもと」という言葉を思い出しながら、もっと悪いことを思い患《わずら》っているうちに、それだけで気持ちが落ち込んでしまうことも多々あります。ですから、その「生起」「消滅」の道理を肝《きも》に据《す》えて生きていかなければなりません。それが「不滅の法」を知ることになるのです。不滅の法とは「無常観」を繰り返し繰り返し考えることです。

近年では、正月が来ても、あるいはお盆が来ても、以前のように季節ごとの節目を感ずることもなくなり、平日の延長のように思えるほど生活様式が変わってしまいました。これもまた「諸行無常」の現実でしょうか。日々、お身体大切にしていただくことを祈念いたします。

（平成十六年）

美しい国

安倍首相は、九月下旬の就任後に「美しい国、日本」と題する初談話を発表しました。たしかに、日本の国土は山紫水明《さんしすいめい》で、各地にすばらしい景観があふれています。しかし、そこに住む日本人の一人ひとりが、美しい心で人間界や自然界に接することのできる、世界に誇り得る国民であることも大切な前提でしょう。

十一月四日の朝日新聞に、莫邦富《モーバンフ》という中国人ジャーナリストによる「両親が見た日本のよさ」という記事が掲載されておりました。在日二十一年目の著者が、香港《ホンコン》在住の両親を親孝行のために日本に招待した時の話です。この著者の父親は、老齢のために視力がかなり弱く、道を歩く時には路面のでこぼこに非常に神経を使わなければなりません。そのため、来日した直後の感想は、その多くが路面に関することでした。「道路を渡る場所は、縁石《えんせき》がきちんと削られていて段差がない」ということをしきりに感心していたというのです。

その後、昼食のために入った店で、屋外席に座ってお茶を飲んでいる時に、両親は意外な光景を目にしました。隣の席にやって来た二人づれの若い女性が、カバンをテーブルの上に置いたまま、メニューを選ぶために店内に入って行ってしまったのです。混んでいたせいか、二人はなかなか帰ってきません。両親は、誰かがカバンを持っていってしまったらどうしようと思うと、気が気でなくなりました。そこで、頼まれもしないのにカバンの見張り役を始めたのです。それから五分くらいして、女性たちはパンや飲み物などをもち、談笑しながらテーブルに戻ってきました。それで、両親はようやく見張り役の責任から解放されたのです。ところが、今度は後ろの方の席で、またしても同じようなことが起こりました。両親は目を丸くして、新発見に興奮したのです。「そうか、みんなそうしているのか。」両親は感激し、日本の治安の良さを絶賛し始めました。微笑《ほほえ》ましい光景を目にした著者は、黙ってそれを聞いていたということです。

ところで、明治時代の中頃、アイルランド出身の作家、ラフカディオ・ハーン、日本名、小泉八雲《こいずみやくも》は、毎年夏になると家族とともに静岡県の焼津《やいづ》に避暑に来ていたそうです。その当時の焼津は東海道筋のひなびた一漁村《ぎょそん》でしかありませんでした。とりたてて名所旧跡があるわけでもなく、寂しく、つまらない所であったと書かれています。しかし、そんな焼津に、なぜ彼が毎年家族とともにやって来たのかといえば、焼津の人々とのあたたかな心の交流に惹《ひ》かれたのだというのです。当時の焼津の漁村の人々は、実に純朴で、とても素直であったと彼は述懐《じゅっかい》しています。

私たち日本人は、自分自身に対しては勤勉であれ、努力せよ、正直であれ、謙虚であれ、他人に対しては親切であれ、思いやりをもて、情け深くあれなどというように、人間として何が大切かということを幼少の頃からしつけられて育ってきました。一つひとつの言葉は簡単でも、それぞれを実行することは大変難しいことです。まさに、「言うは易《やす》く、行うは難《かた》し」というとおりです。けれども、そうしたことを少しずつでも実行することによって、人と人との信頼や信用が次第に築かれてきたのです。

人間にとって、健康であることは何よりも大切です。また、お金も大切でしょう。お金で幸せを買うこともできます。しかしその反対に、世の中にはお金のために不幸になってしまったという例も数知れないほどたくさんあります。最近の世界的な傾向として、金銭至上主義的な考え方がますます強まっているようですが、私たちは昔から、お金よりももっと大切なものがあることを教わってきたはずです。ある禅僧が、人間の究極の幸せは、

一、人に愛されること
一、人にほめられること
一、人の役に立つこと
一、人に必要とされること

であると述べています。たしかに、それぞれの項目を実行していくことは難しいことです。けれども、それを少しでも実現するために精進《しょうじん》していきたいと思います。「美しい国、日本」は、「美しい心をもった日本人」によってこそ達成されるものではないでしょうか。

（平成十八年）

もったいない

最近、環境問題に関わる人々の間で、「もったいない」という言葉が広がりつつあります。それも国内ばかりでなく、海外にも共感の輪が広がっています。その大きなきっかけとなったのが、アフリカ人女性でノーベル平和賞受賞者でもあるケニア環境副大臣のワンガリ・マータイさんでした。彼女は、来日した時に「もったいない」という言葉を知って感銘を受け、世界に広めることを決意したといいます。

「もったいない」は消費削減（リデュース）、再使用（リユース）、資源再利用（リサイクル）と、資源に対する尊敬の念（リスペクト）の四つの「R」を表しているとマータイさんは解説しています。そして、地球環境を守る世界共通語として、「もったいない」を世界各地で訴えているのです。

この「もったいない」の意味をよくよくかみしめてみると、天地万物すべてのものは、それぞれが持っている価値を十二分に発揮せずに終わってしまったり、捨てられてしまうことが惜しいという意味が込められています。また、天地万物すべてのものの背後には神仏のいのち、大いなるいのちが宿っているとも受け取ることができます。かつて日本人の生活には、「貧しくとも清らかに」という生き方がありました。お米の一粒一粒を大切にし、野菜でも、魚でも、すべての品物を粗末にはしなかったのです。二〇〇二年にノーベル化学賞を受賞した田中耕一さんは、「調合《ちょうごう》を誤った試薬を、もったいないから捨てずにおいて新たな分析に用いたところ、ノーベル賞につながる新発見になった」と語っています。「もったいない」という言葉は、日本人だけの独特の言葉であり、感情のようです。

しかし、日本人は高度経済成長期の中で、「消費は美徳」とか、「消費者は王様」という言葉に躍《おど》らされ、「使い捨ての文化」を蔓延《まんえん》させてしまいました。「もったいない」の心は、すっかり影をひそめてしまったのです。この言葉、この感情を、これからも大切にしたいし、みなさんにも大切にしてほしい。マータイさんはそのようにスピーチされました。

このような「もったいない」の心は、仏教で説く少欲知足《しょうよくちそく》に通じます。物質的欲望が過度になれば、どんな結果が起きるかということを、最近の日本人はイヤというほど思い知らされています。大量生産、大量消費がもたらしたものは、空、川、海のひどい汚染や、地球温暖化による異常気象、そして自然の動植物の衰退でした。もちろん人間の健康にも著しい悪影響を与えています。

仏教には、「草木国土悉皆成仏《そうもくこくどしっかいじょうぶつ》」という教えがあります。仏教は、人と人とのあり方を説くだけでなく、人間と自然の関係についても教えています。すべての生きとし生けるものは、いのち輝く仏、仏のものと教えているのです。「もったいない」に秘められた一番大切なことは、物を惜しむこと以上に、自分自身のいのちを大切にすること、万人万物のいのちを尊んでいくことです。今こそ日本人の美徳である「もったいない」の心を、生活の中でもう一度甦《よみがえ》らせたいものです。

（平成十九年）

心の文化

高い山に登ると、欧米人は「山を征服した」と言います。そのために、登山の用具や技術が発達しました。これに対して、日本では神の宿る山に登らせてもらうという考えです。白装束《しろしょうぞく》に身を包み、金剛杖《こんごうじょう》をつき、「六根清浄《ろっこんしょうじょう》、お山は高い」と唱えながら、身心《しんじん》の修行のために山登りをします。深山の霊気に触れ、大自然の威神力《いじんりき》を授けてもらうための登山であり、回峰行《かいほうぎょう》なのです。

欧米のスポーツでは、技能を高めることにより、その技能が契約という名目で売買の対象になっています。そのため、一流選手の出場する試合は観衆が興奮し、競技場は熱気にあふれます。これに対して、日本の競技は柔道、剣道、弓道のように「道」がつきます。相撲《すもう》にいたっては、土俵を塩でまき清めて取り組みます。そこには勝負を通して人間を練《ね》るという思想があります。このように、日本人は欧米人に比べて、万事に精神性を重んじる風土の中に生きています。

ところが、今や日本も欧米の物質文明を取り入れて、一流の文明国家になりました。しかし、物が豊かになればなるほど犯罪が増え、精神的に不安定な人が多くなりつつあります。小学生に防犯ベルを持たせたり、通学を警護しなければならない時代になりました。子どもたちが土まみれになって、日暮れまで遊び回っている姿は見られません。都会はもちろん、どんな人里離れた田舎でも、戸締りを厳重にしなければならなくなりました。そして、日本中の津々浦々《つつうらうら》まで、経済を優先する時代になったのです。

経済の原理は人間の欲望の競争にあります。その一方で、日本文化の根底には、大自然と一つに生きるという考え方があります。そこには、情に厚く、義を重んじ、金銭の話が付きまとうことを潔《いさぎよ》しとしない精神が流れています。物質文明の繁栄とは何か、それを根本から問い直すべき時代になっていると思います。

けれども、現実には日本も欧米流の文化圏に際限なく融《と》け込もうとしています。その顕著な現象として、外国語や「カタカナ語」の氾濫《はんらん》があります。さりとて、大半の人々はそれらの言葉の本来の意味を尋ねるほどの探求心もありません。お互いに何となくわかったような気分で通じ合っているだけなのです。流行語として、それらの言葉を人並みに使うことが「かっこよさ」だと思っていることも問題です。

かつて、イザヤ・ベンダサンの『日本人とユダヤ人』という本の中に、日本人は水と安全を「ただ」だと思っていると書いてありました。当時は当たり前だと思っていたことが、少しずつ変化しています。しかし、まだまだ日本は世界的に見れば安全であり、安心して生活できる国だと思います。今一度、謙虚に反省してみることはいかがでしょうか。

（平成二十一年）

我《が》慢《まん》の時

一昨年のリーマン・ショック以来の景気の後退により、世情では不況の嵐が吹き荒れ、学生の就職率も低迷し、デフレ・スパイラルの悪影響という状態が続いています。それに比べてBRICs《ブリックス》諸国（ブラジル、ロシア、インド、中国）では、経済の急成長が続き、好景気にわいていると報道されています。

しかし、十一月十九日付の静岡新聞に、ヘブライ大学のベンアミー・シロニー名誉教授が、日本の現状に対して楽観的な記事を寄せられていました。それによれば、日本のGDPが世界第二位から第三位になっても心配はいらない。中国の人口は日本の十倍だから、中国の国民の所得はまだ日本の十分の一にすぎないし、中国には少数民族問題や、資本主義と共産党支配の激しい矛盾、国内紛争の危険さえあるとのこと。同じように、韓国は北朝鮮問題を抱えているし、インドは国内にさまざまな矛盾を抱え、汚職やわいろなどの不正が横行しているのだというのです。また、十一月十八日付の朝日新聞には、ロシアでは二十年に一度くらい、飢饉《ききん》や革命、戦争、国家の解体、あるいは一九九八年におきた財政危機のように、とんでもない社会変化が起きるというロシア人自身の意見が掲載されていました。ブラジルにおいても、麻薬団と警察との激しい銃撃戦が日常的に行われているそうです。

たしかに日本でも、最近では凶悪犯罪の報道が多くなったように思います。けれども、世界全体と比べれば、まだまだ良い方でしょう。それぞれの国家にとって大切なのは、国の面積や、人口の数、資源の量ではなく、それぞれの国民の道徳律、モラルの高低ではないでしょうか。そうだとすれば、勤勉性、正直で誠実、親切、思いやりの精神などは、日本人の素晴らしい国民性だと言えるでしょう。長い歴史の中で、良い時もあれば、悪い時もあるのは当然のことです。今しばらく我慢して、耐え忍ぶしかありません。

（平成二十二年）

絆《きずな》

今年もまた、内憂外患《ないゆうがいかん》と、多事多難《たじたなん》な一年でありました。特にわが国においては、三月十一日に東北地方を襲った大地震と大津波のため、多くの方々が犠牲になられました。十二月に入っても、毎日犠牲者のご芳名《ほうめい》が新聞紙上に報道されています。何もできず、ただただご冥福をお祈りするばかりです。現地へボランティアやお見舞いに行かれた方々のご報告によれば、一応の片づけは終了しているものの、現実はなお悲惨の一言だということです。

先日、こうした一年間を象徴する流行語の一つに、「絆」という言葉が選ばれました。被災された方々が力を合わせて苦難を乗り越えようとされている姿や、世界中の人々が、災害に襲われたわが国を援助するために力を貸してくださった姿が、改めて人と人との結び付きの尊さを私たちに思い起こさせた結果なのかもしれません。こうした

「絆」を見直し、さらに強めていくことが、大きな災いを乗り越えるためにも、あるいは、昨年話題になった「無縁社会」の問題を解決するためにも、大きな一歩になることは間違いありません。のみならず、人と人とのあたたかい結び付きこそが、お金では買うことのできない幸せを人々にもたらし、十一月に来日されたブータン国王が提唱される「国民総幸福（GNH）」を、わが国でも実現するための足がかりになるのではないでしょうか。

ところで、震災の後しばらくの間、いくつかの被災地ではお寺に人々が集まり、それぞれの地域の「絆」を支える役割を果たしていたという報道を目にしました。考えてみれば、お寺は古くから人々にとっての修行の場、祈りの場であるとともに、学びの場、娯楽の場、そして、集《つど》いの場でもありました。いわば、人々の「絆」を育《はぐく》む場所として、人々の生活の中に溶《と》け込んできたお寺の役割が、やはり震災をきっかけとして再び注目されたということなのかもしれません。普段のお寺でも、たまたまお墓参りに来られた方同士の間で、「あら、お宅のお墓もここにあったの」などといって、旧交を温められている姿を見かけることがあります。これもまた、お寺ならではの日常的な「絆」

の姿なのかもしれません。
お寺であるからこそ、老若男女《ろうにゃくなんにょ》、さまざまな方々が一堂に集まられます。そうした中から新しい出会いが生まれ、それがきっかけになって新しい「絆」が生まれるとしたら、どんなに素晴らしいことでしょうか。「絆」を育む場としてのお寺の役割を、さらにいろいろな形で発揮することができるよう、皆様のお知恵を借りながら、これからも考えていきたいと思います。

（平成二十三年）

不《ふ》動《どう》心《しん》

原子力発電の存続や、ＴＰＰ（環太平洋戦略的経済連携協定）への参加、消費増税の実施など、さまざまな問題をめぐる賛否両論が渦巻《うずま》いています。いずれの問題に対するどのような意見にも、それなりの理由や言い分があるでしょう。また、いかなる主張であろうとも、そこに欠点がまったく存在しないとか、利点がまったく含まれていないということはないでしょう。

物事には、表があれば裏もあります。光がある所には、必ず影があります。調子の良い言葉に踊らされたり、一方的な意見にかたよったりすることほど、危険なことはありません。

誰もが、少しでも素晴らしい明日をめざし、少しでも明るい未来を願っているはずです。そうだとすれば、さまざまな意見の中に含まれている良い点と悪い点の双方を、常に冷静に見極め、判断することが大切でしょう。この冷静な心こそ、古来、多くの人々が目標としてきた「不動心」に通じるものではないでしょうか。

しかし、残念ながらそのような冷静さを失った瞬間に、私たちは思いもよらない行動に走ってしまうことがあります。そして、ある一線を越えた時、人は犯罪に手を汚すことになるのでしょう。

私事にて恐縮ですが、昭和五十六年より今日《こんにち》まで、静岡刑務所の教誨師《きょうかいし》として、そのような人々の矯正《きょうせい》のお手伝いをさせていただいております。毎月の矯正指導の時間には、この人々が再び罪を犯すことがないように、また、幸せな社会への復帰がかなうようにと願いつつ、いろいろなお話をしてきました。そうした中でも、やはり「三つ叱《しか》って五つ褒《ほ》め　七つ教えて子は育つ」という言葉のとおり、幼少時における家庭での教育こそが何よりも大切だということを、つくづくと感じてまいりました。

とは言え、これまでの自らの生き方を見つめ直し、新たな道を求めることも、決してできないことではないはずです。「過《あやま》ちては則《すなわ》ち改むるに憚《はばか》ること勿《なか》れ。」私たちも毎日の生活の中で、思わぬ失敗をすることがあります。その時には潔《いさぎよ》く自らの非を認め、過ちを改める勇気を持たなければなりません。その上で、二度と同じ失敗をしない覚悟と判断力、そして、それを支える「不動心」を身につけるべく、日々精進《しょうじん》を重ねていきたいと思います。

（平成二十四年）

第三部

南《な》無《む》帰《き》依《え》僧《そう》

木村文輝

唯《ゆい》我《が》独《どく》尊《そん》

今から二五〇〇年前、インドでお釈迦さまがお生まれになりました。その時、お釈迦さまはすぐに立ち上がられ、七歩歩いた後に、右手を高く挙げて天を指し、左手は下に向けて地を指しながら、「天上天下唯我独尊《てんじょうてんげゆいがどくそん》」と語られたと古い書物に記されています。「天上天下唯我独尊」、「天の上にも天の下にも、唯《た》だ我《わ》れ独《ひと》り尊《とうと》い」ということです。

ただ、不謹慎かもしれませんが、いくらお釈迦さまといえども、生まれたばかりの赤ん坊が、このような難しい言葉を語ったということは現実とは思えません。また、紀元前に作られた古い経典の中に、そのような伝承は含まれていないということです。「だから、宗教にまつわる話はバカバカしい。真面目《まじめ》に取り上げたところで仕方がない。」そう思われる方もいらっしゃるかもしれません。しかし、一見するとバカバカしく思えるこの話を、人々が長い年月にわたって、大切に語り伝えてきたという事実を無視することはできません。私は、そうした事実、そして、この話を大切に伝えてきた人々の思いにこそ注目したいと思います。つまり、生まれたばかりのお釈迦さまが、「天上天下唯我独尊」と語られたという伝承には、やはり無視し得ない重要な意味が込められていると思うのです。

けれども、たとえそうだとしても、ここにはまだ大きな問題が残ります。それは、この言葉を、どのように理解したらよいのかという問題です。実のところ、この言葉の解釈をめぐってはさまざまな意見があり、必ずしも定説とされるものがありません。ある人は、お釈迦さまがお悟りを開かれた時の喜びがこの言葉には込められており、それが誕生直後の言葉として伝えられたと考えています。また、ある人は、お悟りを開かれた後のお釈迦さまが、ある修行者から「あなたの師匠は誰か」と尋ねられたのに対して、「私に師匠はいない。世の中に、私に匹敵する者はいない。私こそが最高の師匠である」と答えられたという記録をもとにして、その言葉が誕生直後の言葉に置き換えられたと考えています。たしかに、歴史的に考えればそのとおりなのかもしれません。けれども、それだけのことであれば、二千年もの長きにわたって、この言葉が大切に伝えられることはなかったでしょう。

そこで、ある人は、この言葉は人間の尊厳《そんげん》を語ったものである。誰もが真理のいのちを持っているから、人間は尊いということを物語っていると述べられています。このように理解すれば、数多くの仏教徒がこの言葉を大切に伝えてきた理由はわかります。けれども、その場合、この言葉はどこから出てきたと考えればよいのでしょうか。

◇　◇　◇

私は、この言葉の意味を考えるためには、お釈迦さまのご遺言に注目したいと考えています。お釈迦さまがご高齢になられた後、いつもお釈迦さまに付き従っていたアーナンダ（阿難《あなん》）というお弟子さまがいらっしゃいました。このアーナンダに向かって、死を目前にされたお釈迦さまが語りかけます。私の亡き後、あなたたちは「自らをたよりとして、他人をたよりとせず、真理（法）をよりどころとして、他のものをよりどころとしないこと」という教えです。

お釈迦さまのご生前、弟子たちは修行の中で悩みや疑問を抱いた時、いつでもお釈迦さまに質問をして、その答えを仰《あお》ぐことができました。ところが、お釈迦さまが亡くなってしまえば、そのようにしてお釈迦さまの教えを仰ぐことができなくなります。これから先、私たちは誰の教えを仰ぎながら、日々の修行を続けていけばよいのか。当然、これは弟子たちにとって大きな問題だったでしょう。それに対するお釈迦さまの答えが、この教えでした。

この教えを、しばしば仏教では「自灯明《じとうみょう》、法灯明《ほうとうみょう》」と呼んでいます。暗闇の中を歩く時に、私たちは懐中《かいちゅう》電灯や松明《たいまつ》などの明かり、すなわち「灯明」を手にします。そのような明かりがなければ、塀《へい》にぶつかったり、溝《みぞ》に落ちてしまいます。明かりを「たより」に、あるいは「よりどころ」にすることによって、はじめて私たちは自らの進むべき道を照らし出すことができるのです。それと同じように、私たちが未来に向かって歩みを進める時、その進むべき道を照らし出すための「灯明」、「よりどころ」として、自分自身と真理（法）を用いなさいということです。そして、自分以外の者、真理とは異なる考えにぶらさがってはならないということです。

◇　◇　◇

一つの例を考えてみましょう。大学生が就職活動を行う中で、幸いにして複数の企業から内定をもらうことができたとします。いずれの企業も、就職先として申し分のないところです。しかし、その中から、自分の就職先として一つの企業を選ばなければなりません。その時、この学生はどのようにしてその企業を選べばよいのでしょうか。

もちろん、それぞれの企業が、この先大きく成長するのか、それとも衰退するのかを正確に予知することは誰にもできません。また、いずれかの企業に入社したとしても、自分がそこで魅力ある仕事を行うことができるのか、さらには、自らの才能を伸ばして成功することができるのかということは、誰にも見通すことはできません。しかし、そのような中にあっても、自らの進むべき道を選択しなければならないのです。

その時にどうするか。おそらくは、さまざまな人に相談するのも一つの有効な方法となるでしょう。両親や先生、友人、その他、いろいろな人に相談すると思います。けれども、多くの人に相談すればするほど、もしかしたら意見は分かれるかもしれません。

ある人はA社への就職を勧め、ある人はB社への就職を勧めるかもしれません。そのようなことになったら、ますます決断は難しくなるでしょう。けれども、決断すべき時は、刻一刻《こくいっこく》と迫ってきます。

そうした中で、いろいろなアドヴァイスを受けながらも、最後の最後に決断を下すことができるのは、結局は自分しかいないのです。仮に、誰かが私の就職先をA社に決めて、そのための手続きをしてしまったとしても、私自身にその会社へ就職する気がなければ、あるいは、私自身にその会社へ出社する気がなければ、私の就職は現実にはなり得ないはずです。

また、もしもある会社に入社した後に、その会社が倒産したとして、あるいは自分自身の居場所を見失って、その会社をやめざるを得ない事態に陥《おちい》ったとしても、その責任を誰かに押し付けることはできません。誰も、その尻拭いをすることはできません。その始末をつけることができるのも、結局は自分しかいないのです。そうだとすれば、私たちは誰もが、「自らをたよりとして、他人をたよりとせず」に決断を下すことを必然的に求められているのです。

とは言え、その決断は決して独《ひと》りよがりのものであってはなりません。だからこそ、一つの決断を下すまでに、さまざまな人の意見を聞きながら、関連する情報を数多く集めながら、さらには、政治や経済の動きなどにも十分な注意を払うことによって、できる限り複眼《ふくがん》的、総合的な視点から決断を下すことが必要となります。これが、「真理（法）をよりどころとして、他のものをよりどころとしない」ということではないでしょうか。

◇◇◇

私たちは、日々の暮らしの中で、大小さまざまな決断を繰り返しながら生きています。今日の夕食に何を食べるかという問題からはじまり、先ほど挙げたように、どのような職業に就くのかという問題まで、その選択の数は無数にあります。そうした一つひとつの選択を前にして、まさか、常に他人の意見ばかりを仰いでいるわけにもいかないでしょう。他人のアドヴァイスを受けることができれば、それをありがたく頂戴《ちょうだい》して参考にする。しかし、たとえアドヴァイスを受けることができなくても、あるいは、幸いにして素晴らしいアドヴァイスを受けることができたとしても、最後の最後には自分で決断を下し、その決断の結果に対しても、自分で責任を負わなければなりません。

そうだとすれば、どのような境遇の中で、どのような問題に遭遇しようとも、常に自分自身で最良の決断を下すことができるように準備をしておかなければならない。そのためにも、日頃からできる限りさまざまな情報を手に入れ、その情報を総合的に判断する能力を養うとともに、いかなる状況にあろうとも、冷静かつ的確な判断を下すことができる自分自身を育《はぐく》んでおかなければならない。そのために、日々、修行を積んでおくこと。それこそが、お釈迦さまが私たちに遺《のこ》してくださった教えの核心だったのではないでしょうか。そうだとすれば、「あらゆるものは過ぎ去るものである。怠《おこた》ることなく修行を完成なさい」というお釈迦さまの臨終間際《りんじゅうまぎわ》のお言葉は、「自灯明、法灯明」の教えを前提として、はじめて意味をなすものになるのではないかと私には思えてまいります。

◇　◇　◇

さて、改めて「天上天下唯我独尊」という言葉を考えてみましょう。「天の上にも天の下にも、唯《た》だ我《わ》れ独《ひと》り尊《とうと》い。」私たちは、誰もがさまざまな決断を繰り返しながら、日々を暮らしています。それぞれの決断を前にして、さまざまな人のアドヴァイスを仰ぐこともできるでしょう。しかし、最後の最後に決断を下すことができるのは、私自身をおいてほかにはいません。つまり、全世界の中で、私のために最後の決断を下すことができる者、最後の決断のためのよりどころとなり得る者、最後の決断を下すために日々準備をし得る者は、私自身しかいない。その意味において、「天の上にも天の下にも、私自身が決断を下すための最後のよりどころとしては、唯だ我れ独り尊い」。そのように解釈すれば、「天上天下唯我独尊」という言葉は、「自灯明、法灯明」と同じことを語っていることになります。

もしも一人の人間の生涯の中で、生まれて最初に語った言葉と、人生の最後に語った言葉が同じものであったとすれば、そこに私たちは一つの明確なメッセージを見出すことができるでしょう。もちろん、現実にそのようなことは起こり得ませんから、あくまでも伝説上の話です。しかし、そうした伝説上の作り話であり、それが大切に語り伝えられたものであれば、私たちは、ますますその言葉の中に大切なメッセージを読み取ることが可能になります。

人生の始めに「天の上にも天の下にも、唯だ我れ独り尊い」と語り、亡くなる寸前に「自らをたよりとして、他人をたよりとせず、真理をよりどころとして、他のものをよりどころにしない」と語られたと伝えられるお釈迦さま。私たちは、この二つの言葉にはさまれたお釈迦さまの人生から、お釈迦さまの、そして、仏教の最も重要な教えを導き出すことができるのではないでしょうか。私たちは、いかなる問題であろうとも、最後は必ず自ら決断を下さなければならないし、また、どのような決断を下そうとも、それに対して自ら責任を取らなければならない。だからこそ、常に的確な決断を下すことができる自分を、常日頃から養っておかなければならない。そのためにも、常に真理を求めるべく、できる限り多くの情報に接し、できる限りそれらを総合的に判断する能力を育んでおかなければならない。自己を養い、自己を大切にせよ。仏教の教えの核心は、まさにここにあるということを、「天上天下唯我独尊」という言葉は物語っていると私は考えています。

（平成十九年）

乾《かん》屎《し》橛《けつ》

伝統的な日本家屋《かおく》を訪れますと、お部屋の一角に床《とこ》の間《ま》がしつらえられており、そこには掛け軸がかけられています。その掛け軸には、山水画《さんすいが》などが描かれていることもありますが、禅の教えを表す言葉が揮毫《きごう》されている例もしばしば見受けられます。「無心《むしん》」とか「日日是好日《にちにちこれこうにち》」などという言葉が、その代表的なものでしょうか。

ところが、そうした禅の言葉、いわゆる禅語にもさまざまなものがありまして、中にはとうてい掛け軸には書いてもらえないような、かわいそうな言葉たちもあります。その中の一つをご紹介しようと思います。

少々臭い話で申し訳ありませんが、「乾屎橛《かんしけつ》」という言葉です。この乾屎橛とは何かと申しますと、私も実物を見たことはないのですが、一言で言えば「くそかきべら」。別の言い方をすれば、現在のトイレットペーパーということになるでしょう。

木を薄く切りまして、五センチぐらいの小さな板を作るのだそうです。この板を二枚持ってお手洗いに入る。大きいほうです。そして、用便が終わりますと、まず一枚の板でお尻を拭《ぬぐ》い、それをひっくり返してもう一度お尻を拭う。そして、それを捨てる。木ですから、腐りますので問題はありません。次に、もう一枚の板で丁寧にお尻の後片付けをして、それも捨てて、何事もなかったようにして戻ってくる。これが、乾屎橛というものだそうです。ですから、現代であれば、今申したようにトイレットペーパーと言ってもよいのかもしれません。これも禅語なのです。

どういうことかと申しますと、十世紀頃、中国に雲門禅師《うんもんぜんじ》という方がいらっしゃいました。この方は、非常に偉いお坊さんだったのですが、言葉が悪い。人がびっくりするような言葉をしばしば語られる方だったようです。

ある時、お弟子さんが雲門禅師に尋ねました。「師匠、仏とは何ですか。」この質問に対する答えが、「乾屎橛」。びっくりしたでしょうね。「仏とは何か」と尋ねたら、「トイレットペーパー」という答えが返ってきたのですから。しかし、その詳しい解説は伝わっておりません。そうなりますと、私たちはこの「仏とは何か」、「トイレットペーパーである」というわけの分からない禅問答を、自分の頭で考える必要に迫られるわけです。

◇◇◇

さて、「仏」が「トイレットペーパー」というのはどういうことなのでしょうか。まず、一から考えてみましょう。仏さまと言えば、私たちはお釈迦さまを考えます。しかし、よもやお釈迦さまがトイレットペーパーということはありません。その他に仏さまと言いますと、例えば阿弥陀如来《あみだにょらい》、大日如来《だいにち》、薬師如来《やくし》など、さまざまな仏さまがいらっしゃいます。しかし、やはりこのような仏さまたちを、トイレットペーパーと呼ぶわけにはまいりません。では、この「仏」とは何なのでしょうか。

「仏」とは、お悟りを開かれた方のことを指します。お悟りを開かれたということは、この世の苦しみから離れたということです。では、この世の苦しみから離れるためにはどうしたらいいのでしょう。お釈迦さまは、その答えを求めて六年間修行を重ねられました。しかし、六年たっても修行は完成しない。そこで、菩提樹《ぼだいじゅ》の下にどっかりと坐《すわ》って、瞑想、坐禅をされたそうです。

そして七日目の朝、ついにお悟りを開かれたのですが、この七日間、坐禅をしながらお釈迦さまが何をされていたのかと言うと、必死になって、自分の心の中の欲望と戦っていたと言われています。横になりたいなとか、おいしいものを食べたいなと思ったかどうかはわかりません。しかし、次から次へと欲望が湧いてきた。この欲望と一生懸命闘っていた。この欲望のことを「悪魔」と呼んだお釈迦さまは、その悪魔と必死になって闘っていたのです。そして、欲望がふっと消え去った瞬間、つまり、悪魔がさっと逃げていった瞬間に、お釈迦さまはお悟りを開かれたと言われています。

ですから、欲望をなくすことによって、私たちもお悟りが開ける。苦しみから逃れることができるということなのです。「そんなことが、私たちにできるはずがない」と思われるかもしれません。しかし、それほど難しいことではないのかもしれないのです。

例えばサラリーマンが、「この仕事をやったら上司に褒《ほ》めてもらえるかな」とか、「この商談に成功すればボーナスが増えるかな」と考えたとしましょう。これは欲望ですね。ですから、自分が一生懸命にやった仕事を上司が評価してくれなかったとか、ボーナスが増えなかったということになると、「なぜだろうか」というつらい気持ちになるわけです。これが、心の苦しみということ。つまり、心の苦しみというのは、「自分の思ったとおりに、物事が進まなかった」という思いです。

苦しみを味わいたくなければ、最初から上司に褒めてもらおうと思わなければいいわけです。少しぐらいボーナスが増えようが増えまいが関係ないと思って、一生懸命仕事に没頭すればいい。仕事がうまくいって、自分が納得できればそれでいいのです。これが、苦しみがなくなるということ。これをやったら誰かが褒めてくれるとか、これをやったらボーナスが増えるとか、この「たら」をなくせば、かなり心が楽になる。欲望さえなくせば、あるいは欲望さえ抑えれば、苦しみから逃れられる。これが、お悟りの一端のようなのです。

では、乾屎橛に話を戻しましょう。とは言いましても、今ではさすがに乾屎橛はありませんから、トイレットペーパーに置き換えることにします。私がお手洗いに入った時、用便の後にトイレットペーパーを使います。しかし、トイレットペーパーはいちいち私に文句を言いません。「あなたのお尻なんか、ふきたくないよ」という言葉を、私は幸いにしてトイレットペーパーから聞いたことがありません。あるいは、使い終わったトイレットペーパーを捨てる時に、「私に感謝しなさい」という言葉を聞いたこともありません。トイレットペーパーは黙々と私のお尻をふいて、そして堂々と捨てられていく。まさに「仏」なのです。

「仏とは何か」、「トイレットペーパーである」というこの問答。「あなた方、トイレットペーパーに恥じない生き方をしていますか」という、雲門禅師ならではの、まさにユーモアのこもったと言いますか、辛辣《しんらつ》な問いかけかもしれません。けれども、私たちはなかなか、このトイレットペーパーの心境に達することができません。残念ながら、「たら」を捨てて仕事に集中し、その後で誰が何と言おうとかまわないという気持ちになれないのが凡人の性《さが》なのです。

◇　◇　◇

ところで、トイレットペーパーは、なぜ堂々と使われて、堂々と捨てられていけるのか。ここに、実はもう一つ重要なことが隠されているような気がいたします。

トイレットペーパー、あるいは乾屎橛。どちらでもいいのですけれども、これらのものは木から作られています。その木はどうやって成長するのかと言えば、土があって、水があって、養分があって、お日さまに育《はぐく》まれている。このようなさまざまな条件に支えられながら木は育ちます。さらに、この木を切る人がいて、加工する人がいる。加工されたトイレットペーパーを使って、お尻をふく私がいる。ふいたあとで捨てられますと、今度はそれをバクテリアが分解して土に戻してくれる。たった一枚のトイレットペーパー、たった一枚の乾屎橛が、大地と、そして多くのものたちに支えられて存在している。

しかも、このトイレットペーパーを使う私には、両親がいて、友だちがいる。また、私はご飯を食べて生きています。同じように、私の両親や友だちにも、両親がいるし、友だちがいます。彼らもご飯を食べて生きています。さらに、一本一本の木の周りには、たくさんの下草が生えています。たくさんの仲間の木がいます。この仲間の木や下草たちも、たくさんの土や水や養分に支えられて生きています。

そのように考えますと、たった一枚のトイレットペーパーが、ありとあらゆるものを結ぶ、いわばネットワークによって支えられている情景が目に浮かんでまいります。宇宙のありとあらゆるものが、まるでクモの巣のように、ものすごく複雑なネットワークで結び付いている。その真ん中に一枚のトイレットペーパーがあり、一枚の乾屎橛がある。つまり、このトイレットペーパー、この乾屎橛は、世界の中の主人公なのです。

昔の中国に、瑞巌寺《ずいがんじ》の師彦《しげん》禅師という、これまた変わった人がいまして、毎朝鏡に向かって「おい、主人公」と呼びかけていたそうです。そして、自分で「はい」と答えていたそうです。これを毎日繰り返す。

トイレットペーパーは、世界のあらゆるものを結ぶネットワーク、網の目に支えられながら、その中心にいる世界の中の主人公。私たち一人ひとりもまた、世界中のさまざまな人を結ぶネットワークに支えられながら、そのネットワークの真ん中にいる主人公。主人公であるならば、誰が何と言おうと関係ないではないか。主人公であるならば、私が私なりに考えて、やるべきことを、やらなければならないことを、自分が「やろう」と決めたことを、一生懸命やっていけばそれでいいではないか。主人公ならばこそ、人の声や評価を気にする必要はないではないか。まさに乾屎橛のごとく、他人の目を気にせずに、堂々と仕事を行い、他人の評価や感謝などを気にせずに、堂々となすべきことをなし遂《と》げていく。それでいいではないか。トイレットペーパーがだんだん偉く思えてまいりました。「仏とは何か」、「トイレットペーパーである」。素晴らしい問答ですね。

ただ、最近の研究によれば、この言葉に対するとんでもない解釈が出てきたようです。「乾屎橛」とは、長い間「くそかきべら」だと思われていたのですが、そうではなくて、「乾いた野グソ」だというのです。昨日、お寺の庭の掃除をしていましたら、猫か犬の干《ひ》からびた野グソが落ちていました。これが乾屎橛だと言うのです。ぎょぎょっと思いましたけれども、クソはクソなりに、しっかりと自分の役割を果たしているのです。おなかの中にたまっていたら大変です。それこそ、救急車に来てもらわなければなりません。クソはおなかから外に出て、土に返って養分となり、また次の植物を育ててくれる。クソはクソとして、自分の役割を堂々と果たしているのです。

そうだとしますと、「乾屎橛」の意味がトイレットペーパーであっても、あるいは野グソであってもかまわないことになるでしょう。しかし、そうは言いましても、やはり「野グソ」と書かれた軸を床の間にかけるのは気が引けます。そんなわけで、この「乾屎橛」という言葉は、かわいそうにも、掛け軸に揮毫してもらうことができないのです。

◇　◇　◇

さて、そろそろこのあたりで終わりにしようと思ったのですが、話が野グソで終わったのでは、「臭い話だった」と言われてしまいそうです。そこで、最後に一つ、美しいお話を付け加えておきましょう。

道元《どうげん》禅師の詠《よ》まれた和歌の中に、次のようなものがございます。有名な歌ですから、ご存じの方も多いかと思います。

春は花　夏ほととぎす　秋は月　冬雪冴《さ》えて　涼しかりけり

春は花がよく、夏はほととぎすの鳴き声がよい。秋は月が美しく、冬は雪が素晴らしい。そのような意味かと思いますが、決してそれだけのものではないはずです。「仏とは何か」と聞かれて、雲門禅師は「乾屎橛である」と述べられました。道元禅師は「仏とは何か」と聞かれて、「花も仏である。ほととぎすも仏である。月も雪も仏である」と答えられているのではないでしょうか。花も、ほととぎすも、月も、雪も、さまざまな条件に支えられながら、宇宙のありとあらゆるものに支えられながら、宇宙のありとあらゆるものをつなぐネットワークの真ん中で、自らの存在を主張し、自らのなすべき事柄をなしている。それを見た人間が、勝手に「素晴らしいな」と思っているだけなのです。花は、人間がどのように思おうと関係がない。ほととぎすも、月も、雪も、人間がどう思おうと関係がない。すべてのものが、宇宙にあるありとあらゆるものが、「私こそが主人公である」と思いながら、自分の存在に堂々と自信を持って生きている。私たちもまた、自分の存在に堂々と自信を持ちながら、「私こそが世界の主人公である」という気概《きがい》を持ちながら、一日一日を暮らしていきたいと思います。

（平成二十年）

秋きぬと

日本では、お釈迦さまは四月八日の「花まつり」の日にお生まれになり、十二月八日にお悟りを開き、二月十五日に亡くなられたと伝えられています。ところが、東南アジアへ行きますと、お釈迦さまは五月の満月の日にお生まれになり、五月の満月の日にお悟りを開き、五月の満月の日にお亡くなりになられたと伝えられています。そのため、東南アジアの仏教徒にとっては、この五月の満月の日が、一年間の中で最も大切な日ということになっています。

私は、十年ほど前からインドネシアの仏教界の方々と交流をさせていただきながら、現地の仏教の様子を観察し続けています。そのため、ほぼ毎年のようにインドネシアを訪れているのですが、今年はこの五月の満月の日に、世界遺産でもあるボロブドゥールで行われる式典を見学するために、現地を訪れてまいりました。残念ながら、今年、ボロブドゥールでの式典を主催した人々は、私が普段からお付き合いをさせていただいている方々とは別のグループでしたので、まったく知り合いが見当たりません。「少し寂しいな」と思いながら、二日間、ボロブドゥールで過ごしてまいりました。

ところが、儀式と儀式の間で、何もすることもなくぼんやり立っておりましたら、いきなり後ろから「ミスター・キムラ」と声をかけられました。最初は空耳かと思ったのですが、相手の顔をしげしげと見てみると、一年前にインドネシアを訪れた時にお世話になった方でした。異国で、思いがけない人に出会う。何とも不思議なご縁を感じました。

さて、こうして何度もインドネシアを訪れているために、最近ではインドネシアに到着して飛行機を降りる瞬間に、「ああ、インドネシアに来たんだな」と思うようになりました。なぜそう思うのか。それは、独特の匂いがあるからです。外国へしばしば行かれる方の中に、「それぞれの国には、その国独自の匂いがある」と言われる方がいらっしゃいますが、まさにその通りだと思います。日本にも日本の匂いがあるとは思いますが、それは私たちにはよく分かりません。けれども、インドネシアへ行くと、やはりインドネシア特有の匂いがあるのですね。さすがに十年近くも現地に通っておりますと、その匂いを嗅《か》いだ瞬間に、何となく懐かしいような、ほっとするような気持ちにさせられます。

◇　◇　◇

考えてみますと、現代の私たちは、テレビを見るにしても、あるいは映画やインターネットを見るにしても、主に目だけを使って生活しています。夜になっても電灯のおかげで暗闇に閉じ込められることもなく、昼間と同じような明るさの下で、さまざまなものを目で見ながら暮らしています。その結果、目から入ってくる情報だけで、世界のすべてがわかったような気分になっています。いわば、目玉だけがギョロッとしていて、耳も鼻もない人間になりつつあるようなものです。言ってみれば、水木しげる氏の漫画の「ゲゲゲの鬼太郎」に登場する、目玉おやじのようなイメージですね。そんな時に外国へ行って、その匂いをふっと嗅いだ瞬間に、「ああ、鼻というものがあったんだ」と気がつくのです。

普段の私たちの生活の中で、鼻を使うのはどんな時でしょうか。せいぜい、おいしそうなごちそうが並んでいて、ふわっといい香りがした時か、さもなければ、どなたかが使われた後のお手洗いで、「あっ、臭い」という時くらいではないでしょうか。それ以外には、あまり鼻を使っていません。

しかし、昔の人たちは、鼻の感覚を非常に大切にされていました。だからこそ、お香の文化が生まれたのです。大切なお客さまをお迎えする時、あるいはご先祖さまや仏さまをお迎えする時に、できるだけ素敵な香りのお香を焚《た》いて、歓迎の気持ちを表しました。

その一方で、仏さまの世界には、私たちの人間の世界とはまったく異なる素晴らしい香りが漂っているとも考えられてきました。ですから、あの世からのお迎えが来る時や、仏さまが現れる時には、紫色の雲がふわっとたなびいて、そこにこの世のものとは思われない妙《たえ》なる香りが漂うのだと言われてきました。そんなわけで、素敵なお香は、私たちに仏さまの世界を実感させるためにも用いられてきました。昔の人々は、目だけではなく、鼻からも仏さまの世界を感じ取ろうとしていたわけですね。もっとも、残念なことに、お寺における普段の法要では大勢の方が次から次へと焼香をされるため、耳かき一杯で何万円などというお香を使えません。どうしても安価なお香を使わざるを得ませんので、「抹香臭《まっこう》い」ということになってしまうわけです。

◇　◇　◇

ところで、人間には目と鼻以外にも、他の感覚器官がついています。例えば、耳です。しかし、その耳も、私たちはしっかり使っていると言えるでしょうか。もちろん、私たちは耳を使って人の話を聞きます。けれども、街へ出掛けますと、いろいろな音が流れていますし、テレビをつければ、ひっきりなしに誰かがしゃべり続けています。そのような音を、そのような声を、私たちはしっかりと聞いているでしょうか。

おそらく、ほとんどの人はそれらを聞いていないと思います。それどころか、例えば朝のテレビは時計代わりにつけられているだけで、誰もそのニュースを聞いていないということも起こります。誰も聞かない声が、誰も聞かない音が、この世の中に充満してしまっているのです。その上、最近では洗濯機もしゃべりますし、炊飯器もしゃべりますし、掃除機もしゃべるんですね。そんな声を、いちいち聞いていられません。それだけ、言葉というものが、声というものが、あるいは音というものが、意味を失いつつある。あってもなくてもいいような、むなしい言葉が響き続けているのです。

しかし、昔は今みたいに言葉を話す電化製品はありませんでした。テレビも映画もなかったんですね。音と言えば、人がしゃべる声以外には、虫のさえずり、風のそよぎ、こうした自然界の音がほとんどでした。そうした音を聞きながら、そろそろ夏かなとか、そろそろ秋風だねというように、目に見えない季節の移ろいを人々は感じ取っていたのでしょう。「秋きぬと　目にはさやかに　見えねども　風の音にぞ　おどろかれぬる」という、『古今和歌集』に収録されている藤原敏行《ふじわらのとしゆき》の歌は、そうした情景を詠んだものかと思います。何とも風流な話ですよね。

◇　◇　◇

ところが、もう一つの大切な音が、かつての日本にはありました。それは、神さまや仏さまがこの世に現れる時の合図です。もちろん、神さまや仏さまの姿は目には見えません。そのかわりに、そのお出ましを伝えてくださる方法が、香りと音だったというのです。

では、どんな音がするのでしょう。皆さんがよくご存じの、お化けが現れるときの「ひゅうどろろろ」という、あの音です。まさに、あの音とともにお化けは現れます。もう一つ、どなたも知っていらっしゃるのが雷さま。遠くの方で「ごろごろごろ」と鳴っていたのに、だんだん近づいてくると、「どっかん」というものすごい音になる。雷さまも、音で自分の存在をお示しになっています。

総じて、あの世の者たちがこの世に現れる時には、必ず音を出すのだそうです。しかも、これは神さま、仏さま、お化け、幽霊だけではありません。この世の中で、普通の人とは違った特殊な力、能力を持っている方がいらっしゃいます。その方々の特殊な力は、あの世から降りてきて身に付くものです。ですから、この方々も、普通に生活をしている時には特別な音を出さないのですが、その特殊な力を発揮する時には必ず音が鳴ります。

例えば、お相撲《すもう》さんです。彼らの土俵入りの時には、必ず「どん、どん」と鳴りますね。「何々の山、どん」、「何々の海、どん」という具合です。お相撲さんたちは、私たちとは全然比べものにならないような、ものすごい力を持っている。いわば、あの世からその力を与えられて、土俵に上がります。だからこそ、音が鳴ります。

歌舞伎や落語にも、お囃子《はやし》があります。普通に暮らしているときには、歌舞伎俳優の誰それさんなのですが、舞台に上がるときには、弁慶になったり、牛若丸になるわけです。あの世から、弁慶や牛若丸の魂が降りて来て、歌舞伎役者に乗り移る。その弁慶や牛若丸が登場するのですから、当然音が鳴るわけです。「どんどんどん」だとか、「とんてんかんてん」だとか、それぞれにいろいろな音が鳴ります。

神社でお祓《はら》いをしてもらう時も、必ず太鼓が「どんどんどん」と鳴っています。その音が、神さまのお出ましを教えてくれます。そして、お寺でも同様です。曹洞宗《そうとうしゅう》の場合ですと、一般的な法要の際には、「ちん・ぼん・じゃん」という音を鳴らします。小さな鐘と、太鼓と、シンバルのような鳴らしもの。この音とともに仏さまやご先祖さまがお出《い》でになりますから、そこで、ご供養がなされます。

ちなみに、ご供養と言うと、何か特別な宗教儀式、お寺における特別な行事と思われるかもしれませんが、実はもっと簡単なことです。ご供養を漢字で書きますと、「供《そな》える」と「養う」という字。つまり、「おもてなし」ということです。お客さまをおもてなしするように、大切な友人をおもてなしするように、大切な仏さまやご先祖さま、そしてそれ以外のたくさんのお仲間たち。誰でもいいから、「皆さま、おいでください」とお招きする。そして、ご飯を供え、果物を供え、お香を供え、さらには皆さんの心を供え、心からの歓迎を表しながら、さまざまなご挨拶やお祈りを捧げる。その間に、仏さまの教えを「お経」という形でお唱えする。そして、それらが一通り終わりますと、また「ちん・ぼん・じゃん」という音とともにお帰り願うのですね。

◇　◇　◇

このように考えてみますと、日本の文化というのは、香りの文化であり、音の文化なのです。目だけの文化では決してありません。ですから、目だけで物事を理解していると、実は大切なものを見失ってしまうのかもしれません。

しかし、五感と言えば、目、耳、鼻以外にもありますよね。まずは、舌。さすがにお寺の法要で舌は使いませんが、「甘露水《かんろすい》」というものがあります。仏さまから頂戴《ちょうだい》するお水の、なんと美味《おい》しいことか。そして、皮膚の感覚。そよ風がさっとそよぐことを感じて、「ああ、すてきな日だな。極楽《ごくらく》とはこんなものかな」と感じる。

けれども、一番大事なものは第六感、心です。どんなに素晴らしい香りを嗅《か》いでも、どんなに素晴らしい音を聞いても、どんなに心地よい風を受けても、心が鈍感ではだめなのです。やはり、心を自然に向けて、あるいは、神仏の世界に向けて解き放っておかなければいけません。目、耳、鼻、舌、皮膚感覚。この五つに加えて、心。これら六つの感覚を十分に働かせることによって、私たちははじめて「生きている」ということを感じ取ることができる。自然とのつながりや、あの世とのつながりをも感じ取り、それによって日々の生活を豊かにすることができるのです。

最近、「エコ」という言葉がブームになっていますね。省エネ商品を購入して、エコポイントを貯《た》めようということで、皆さんも電気店に走られたのではないですか。しかし、よく考えてみると、エコポイントを目当てにして電気店で何かを買ったとしても、そのほとんどが家の中で使うものばかりなのです。窓を閉め切って、クーラーをつけて、テレビを見て、冷蔵庫の中から冷たいものを取り出してくる。こんな生活の、一体どこが「エコ」なのでしょう。

「エコ」というのは、本当はこの自然を、全身を使って感じ取ることではないでしょうか。そうすることによって、はじめて自然とのつながりを感じ取ることができる。自然の中で暮らしていることを、実感として感じ取ることができるのです。また、自然と触れ合うために家から一歩外へ出れば、お隣の方と顔を合わせることもできます。自然を感じ取る時には、他の人々と顔を合わせ、そうした人々とのつながりを感じ取ることもできるわけです。

◇
◇
◇

数日前に朝日新聞を読んでいましたら、大学生の間で「便所めし」というものが流行しているという記事が載っていました。一人で食事をしていると、友だちのいない孤独な人間のように思われてしまうので、便所の個室でご飯を食べるのだそうです。おいしくないでしょうね。便所の中でご飯を食べるということは、鼻が利《き》いていたら、とても不快なものでしょう。口を開けた瞬間に、隣の個室から漂ってくる匂いを吸い込んでしまっては、とても食べられません。「便所めし」ができるということは、目も働いていない、鼻も働いていない、舌も働いていない人間にしかできないのです。そのようなことをやっていると、自然とのつながりどころか、他の人々とのつながりも、すべてなくなってしまいます。「もう、何もかも、どうでもいいや」となってしまいます。そうすると、「誰でもいいから殺したかった」という、悲惨な無差別殺人が引き起こされることになるのです。

あのような無差別殺人は、どうしたらなくすことができるのか。よく、政府や学校では、「いのちの大切さを教えましょう」ということを言っています。もちろん、それも大切です。しかし、その前に、「私たちは一人で生きているわけではない。周りの人たちと一緒に生きているのだ」ということを感じ取る感性、心を養わなくてはなりません。

そのためにも、まずは自然の中へ出て行って、目だけで物事を理解しない。目と耳と鼻と舌と皮膚感覚、それに心。これらのすべてを十分に活用し、十分に働かせる。それによって、初めて自然の中で生きている私、人と人との結び付きの中で生きている私、あらゆるものとのつながりの中で、あらゆるものと関わりながら生きている私を感じ取ることができる。結局のところ、「いのちの大切さ」を知るということは、難しいことを言うよりも、このことに尽きるのではないでしょうか。便所でご飯を食べていないで、たとえ誰も話しかけてくれなくても、食堂でご飯を食べようではないか。

ボロブドゥールへ行って、お釈迦さまのお誕生、お悟り、そして亡くなられたことを記念する式典に私は出席をしました。誰も知っている人がいない。それでも、「どこから来たんだ」とか、「いつからいるんだ」というように、いろいろな人が声をかけてくれました。内にこもっていないで、外に出かけて行けば、必ず誰かが声をかけてくれます。誰かが私のことを助けてくれます。思いがけず、「ミスター・キムラ」と声をかけてくれる知人まで現れるのです。外へ出よう。自然を感じよう。人と人との絆《きずな》を感じよう。結局のところ、「いのちの大切さ」を知るということは、自分の殻に閉じこもらないということなのかもしれません。

（平成二十一年）

現《げん》成《じょう》公《こう》案《あん》

このところ、南アフリカ共和国で開催されているサッカーのワールドカップが人々の関心を集めています。日本チームの快進撃のおかげで大変な盛り上がりになりましたが、ワールドカップが始まるまでは、「日本は予選を通過できないのではないか」とか、「すぐに負けて、さっさと帰ってくるのではないか」とか、そんな報道ばかりを見せられていたような気がします。

たしかに、そのように言われても、ある意味ではやむを得なかったのかもしれません。ワールドカップが始まる前の練習試合は、何回やっても全部負けていたようですね。「何回やっても負ける。これでは本番でも勝つわけがない」と素人《しろうと》は思ってしまうかもしれません。

しかし、考えてみれば、練習試合でいくら勝っても仕方がないですよね。練習試合では、むしろいろいろな戦法を試してみる。本番でどうすれば一番いいのかを探るために、いろいろなことを実験してみる。それで負けたら、「この戦法は駄目なんだな。別の方法にしよう」と考えればいいわけですから、練習試合で勝つことは、そんなに重要ではないはずです。いろいろなことを試してみて、「これも駄目か、あれも駄目か、それならこうしたらどうだろう」ということを、あらゆる角度から探ってみることが大切なのです。そうだとすれば、練習試合ではいくら負けてもいいはずなのです。

ところが、この練習試合に負け続けたという結果だけを見て、日本中のサッカーファンという人たちが大騒ぎをしていました。「監督が悪いから監督を辞めさせろ」とか、「選手が悪いから選手を交代させろ」というように、すごい騒ぎだったように思います。

しかも、昔であれば、自分の素性を明かすことなく、匿名《とくめい》でそのような文句を言うことはできませんでしたけれども、今は電話ばかりではなく、インターネットやら何やらがありますから、誰もが自分の名前を言わずに、隠れたところから「監督辞めろ」とか、「選手辞めろ」とか、そんなことを言うようになりました。

けれども、いざ本番が始まったら勝ってしまった。予選は二勝一敗でしたけれども、予想以上に成績がよくて、決勝トーナメントへの進出を勝ち取りました。そうしたら、今度は手のひらを返したみたいに、「やった、万歳。監督さんありがとう」ということになりました。中には、「監督さんごめんなさい。今まで散々あなたのことを馬鹿にしたけれど、見直しました」などということを言った人もいたようですね。

監督からすれば、「今ごろになって、何を言っているのか」とでも言いたいところかと思います。しかし、予選通過が決まった時に、岡田武史監督は「私は一つ一つのことに一喜一憂《いっきいちゆう》しない。そんな余裕はない」と語っていました。当然でしょうね。いちいちみんなの声に一喜一憂していたら、からだが幾つあっても足りません。他人は他人。誰が何と言おうと、わが道を行く。わが信じるところを行く。その結果、岡田監督に率《ひき》いられた日本代表は、予選を突破していきました。いかに無責任な言葉を、私たちが投げかけていたのかということを改めて感じさせられました。

◇　◇　◇

昔の日本には、「言霊《ことだま》」という考え方がありました。言葉には魂が宿っている。言葉には神さまが宿っている。だから、言葉を発する時には、その言葉を話してもいいかどうかということを、しっかりと考えてから話さなければならない。そして、いったん言葉に出した以上、それは決して消えないどころか、むしろその言葉は力を持って、私たちの人生を左右してしまう。だからこそ、私たちは言葉を発する時には、細心の注意を払わなければならないと、昔の人々は考えていました。

たしかに、そのとおりだと思います。言葉というものは、時には周りの人を傷つけたり、あるいは周りの人々を励ましたりします。韓国で有名な芸能人が、インターネット上の誹謗中傷《ひぼうちゅうしょう》を苦にして自殺されたというニュースを目にしました。匿名の人々から心ない言葉を投げかけられたことによってストレスを感じ、とうとう耐えられなくなって、死を選ばれたということのようです。やはり、言葉というものは怖い。それだけの力を持っています。

けれども、その反対に、言葉によって励まされれば、私たちは十倍、二十倍という、ものすごい力を得ることもできます。曹洞宗《そうとうしゅう》の『修証義《しゅしょうぎ》』という経典の中に、「愛語《あいご》」という教えが出てきます。人々に対してやさしい心を起こす。そして、その心を人々に伝えていくために発する言葉。これが「愛語」です。このような愛語を面と向かって聞かされれば、それを聞いた人はうれしくなって、心がほくほくします。

しかし、もしも自分の知らない所で、「あの人はすごい人だよ」とか、「あの方は立派な方なのだよ」ということが語られていて、それがうわさとなって自分の耳に届いたとしたら、どんなにうれしいことでしょうか。直接面と向かって語りかける言葉は、私たちに対して大きな力を与えてくれます。けれども、面と向かわずに語られる愛語も、人々を大きく力づけてくれます。「面《むか》いて愛語を聞くは面《おもて》を喜ばしめ、心を楽しくす、面《むか》わずして愛語を聞くは肝《きも》に銘《めい》じ魂に銘ず」という、『修証義』の教えのとおりです。

そうだとすれば、私たちは言葉のひと言ひと言を発するためには、常に本気でその言葉の意味と影響、そして、その言葉がどういう結果をもたらすのかということを考えなければなりません。「愛語能《よ》く廻天《かいてん》の力あることを学すべきなり」なのです。

しかし、よく考えてみれば、これはものすごく大変なことですよね。私が何気なく話した言葉によって、周りの人にどんな影響が及ぶだろうか。さらには、私がひと言話した言葉によって、それを聞いた人が何かを考え、何らかの行動を起こし、それによって、さらにまた、その周りの人たちにどんな影響が及んでしまうのかということを考えなければならないのです。

何気なく私が語った言葉によって、その言葉を聞いた人だけではなくて、その周りの人へ、さらにはその周りの人へ、あたかも水の波紋のように、さあっと影響が広がっていく。私たちは、言葉を発するためには、ただ単に相手がどう感じるのかということだけではなくて、さらにはその言葉が巡りめぐって、世の中にどういう影響を及ぼすのかということまで、先の先まで考えなければならない。考えてみると、これはものすごく大変なことです。

◇　◇　◇

よく、囲碁《いご》や将棋の世界で、そのトップに立っていらっしゃる方々のインタビューを拝見しますと、この方々は対局の際に、十手先、二十手先まで読んでいるということを語られています。自分がここにこう打つと、相手がこう打って、だからこうなって、こうなって、こうなってということを、十手も二十手も先まで全部読んでいる。しかも、それは一通りではなく、何通りも、何十通りも同時に考えて、その中から一番よい手を、ぱんと打つのだそうですね。

われわれ凡人《ぼんじん》にはとてもまねができない。だからこそプロなのかもしれませんが、本人たちに言わせると、それを頭で考えているのではないそうです。碁盤《ごばん》を見ていると、あるいは将棋盤を見ていると、自然に見えてくると言うのですね。ありありと浮かび上がってくる。私たちからすれば、まだ石が打たれていないではないか、何もないではないかと言いたいのですが、彼らの目には、しっかりと十手先、二十手先の石が見えている。将棋の駒が置かれていて、それがありありと見えていると言うのですね。

それと同じことで、私たちも日々の暮らしを送っていく中で、常に未来を予測しながら行動し、未来を計算しながら言葉を発しなくてはなりません。そして、それができるようになるために、私たちは日々研鑽《けんさん》を積み、日々努力をしていかなければなりません。ここに、仏教の、もしくは禅の教えがいきてまいります。

いつ、いかなる時であっても、自分がいかに行動すべきかを考えなければならない。自分が何らかの行動を起こすことによって、それがどのような影響を生み出し、その結果、例えば自分が、例えば自分の周りの人が、例えばもっと広く、世界中の人々が幸せになれるかどうかを、常に予測して動かなければいけない。それができるようになることが、私たちの修行である。そういうふうに仏教では教えています。

ただし、間違えては困るのですが、仏教の修行をすると、未来を予知する能力が手に入るとか、超能力が身につくということではありません。坐禅をしても空中浮揚はできませんし、話してもいない言葉を聞くこともできません。そうではなくて、今、目の前に広がる光景を見た瞬間に、そこに連なるあらゆるネットワーク、あらゆる関係、過去から現在、そして未来へとつながっていく、世界の大きなつながりを見ることができるようになれるかどうか。これが、修行の目指すところではないかと思います。

◇◇◇

道元禅師《どうげんぜんじ》は、ご自身の思想を『正法眼蔵《しょうぼうげんぞう》』という著作の中に示されておりますが、その第一章のタイトルを「現成公案《げんじょうこうあん》」と申します。「公案」とは、簡単に言ってしまえば、隠されている真実という意味でご理解くださって結構です。一方、「現成」というのは、ありありと現れてくること。ですから、「現成公案」とは、隠されている真実が、ありありと現れてくること、ありありと目の前に浮かび上がってくるということです。

では、隠されている真実とは何でしょうか。それは宝探しのように、「ここ掘れ、わんわん」と言って探し出すものではありません。そうではなくて、実は私たちの目の前に存在しているけれども、私たちに見えていないものなのです。

時おり、雑誌などに二つの同じような絵が並んでいて、間違いを探してくださいというクイズがありますね。一見すると、まったく同じ絵にしか見えません。しかし、この二つの絵の中には五つの間違いがありますから、それを見つけてくださいというものです。

どこに間違いがあるのだろうかと一生懸命探してみても、なかなかその違いがわかりません。ところが、いったんそれが見つかると、あるいは誰かに教わると、「何だ、ここに間違いがあったのか。何で気がつかなかったのだろう」と思います。そして、その後はその絵を見た瞬間から、その間違いがすぐにわかるようになります。誰かが隠していたわけではありませんし、絵が変わったわけでもありません。最初から同じ絵を見ているのに、見えない人には見えない。でも、わかった人には、当たり前のようにわかってしまう。これが、隠されている真実です。

私たちは、誰もが同じ世界を見ながら、同じ現実を見ながら、日々を暮らしています。しかし、誰もが同じ現実を見ているけれども、そこで見えている世界の姿は、一人ひとり違っています。その瞬間の光景しか見えていない人もいれば、一日先を見ながら動いている人もいるし、一週間先を見ながら行動している人もいる。碁盤の、あるいは将棋盤の、この瞬間の駒しか見えていない人もいれば、十手先、二十手先を見ている人もいる。

サッカーの練習試合の結果に一喜一憂していた自称ファンの人たちは、その瞬間しか見ていなかった。一方、数日後、数週間後、数カ月後の試合を見据えていた監督と選手たちは、そんな雑音に気を取られることなく、一喜一憂することなく、むしろわが信ずるところを歩み、そして堂々と決勝トーナメントへ駒を進められました。

私たちが生きているこの世界の中で、この瞬間しか見ることができないか、それとも一週間後を見通すことができるのか、一年後を見通すことができるのか。会社を経営される方は、まさにそのような目を持っていなければ、あっという間に足をすくわれてしまうでしょう。しかし、それは私たちのような一市民であっても、やはり同じことだと思います。未来を見つめながら日々を暮らし、周囲の人々の思いを考えながら言葉を発していかなければ、本当の幸せを手に入れることはできません。そうだとすれば、目の前に広がっていながら、なかなか見えていないこの隠された真実、「公案」というものを、ありありと見ることができるような目を育てること。それは、大変に難しいことかもしれませんが、私たちに課せられた宿題と言えるのかもしれません。

（平成二十二年）

なすべき仕事

あの日から、既に四ヵ月がたちましたが、あらゆることが一向に変わっていない。それどころか、ますます悪くなっているのではないかという部分さえもあるようです。もちろん、直接の被害を受けられた方々にとっては、四ヵ月たとうが、一年たとうが、おそらく関係ないと思いますが、遠く離れた地におりますと、あの出来事が、何か遠い昔のような、風化してしまった話のようにも感じることが時々ございます。しかし、そのような中にあっても、ニュースなどを見れば、まだまだ何も変わっていないということを、改めて痛感させられる思いがいたします。

あの地震の直後、巨大な津波の映像を見ながら、多くの方々が度肝を抜かれ、大変なことが起こったと思われたと存じます。同時にまた、これは何かしなければいけない。自分にできることがあれば、何かして差し上げたい。そのように思われた方もまた、多くいらっしゃったと思います。中には、取りあえずできることをということで、義援金を送られた方もいらっしゃれば、支援物資を送られた方もいらっしゃれば、直接現地に入られて、ボランティア、その他さまざまな形でご尽力《じんりょく》された方々もいらっしゃると存じます。

しかし、事態があまりにも大きなものであったがために、現地に行かれた方々の中には、「大げさではないけれども、人生観が変わった」、そんなことをおっしゃる方もいらっしゃいます。このような、人々の人生観を変えてしまうほどに大きな震災を前にして、私たち一人ひとりに、いったい何ができるのか。思わず、そんな無力感にさいなまれたこともあったのではないでしょうか。

義援金を一万円送ったところで、被害を受けられた方は何万人もいらっしゃいます。十万円送ったところで、あるいは百万円送ったところで、話は同じです。中には十億円の義援金という話もありました。それでも、一万人で分け合えば、一人十万円。家ごと流されてしまった方にとって、十万円程度のお金では何にもなりません。こうやって考えますと、やはり人間一人ひとりの力というのは、実に小さなものだなと考えざるを得なくなります。いったい何をすればいいのでしょうか。こうなってしまっては、もはや何をやっても無駄だ。思わずそう思いたくなるのですが、そうも言ってはいられません。

◇　◇　◇

震災からしばらくたった頃、日本画の院展《いんてん》（日本美術院展覧会）を見る機会がありました。その会場で、院展の同人の先生方、いわば、現在の日本画壇を代表される先生方の作品に寄せられた、作家ご自身のコメントを拝見しました。震災が起きた頃、作品の最後の仕上げをされていた先生方が多かったようで、「自分は今、こんなことをしていてよいのだろうか。絵を描いて、いったい何になるのだろうか」と自問自答されていたそうです。

「数日間、絵筆を握れなかった。しかし、考えてみたところで、自分には絵を描くことしかできない。絵を描くことに、どれほどの力があるのかわからないけれども、自分に今できることは、それしかないと思って、一生懸命、心を込めて描きました。」そんなコメントを記されている先生方が何人かいらっしゃいました。結局は、そういうことなのだなと、私も思い知らされたところです。

ご存じのように、仏教は今から二五〇〇年前にインドで生まれましたが、残念なことに、インドの仏教はその後衰退し、一時はインドの地からその姿を消してしまいました。そのかわりに、インドで多くの人々の心を捉《とら》えたのが、ヒンドゥー教という宗教でした。このヒンドゥー教には、現在ではインド国内に八億人ほどの信者がおりますが、人によっていろいろな神さまを信仰し、さまざまな経典を読んでいます。実に多種多様。そのすべてを知っている人は、インド人といえども、ほとんどいないのではないでしょうか。

そのような中にあって、ヒンドゥー教の信者であれば誰でも知っている、あるいは、知らない人はいないというくらい人気のある経典があります。『バガヴァッド・ギーター』、日本語に訳せば「神の歌」という名前の経典で、「ヒンドゥー教のバイブル」とも呼ばれております。その中に、「自分のなすべきことを行いなさい。それを行うことは、行わないよりもはるかに優れている」、「たとえ自分のなすべきことを行って、それが不完全に終わったとしても、他人の仕事に手を出して、それを成し遂げるよりもはるかによい」と述べられています。

自分のなすべきことを行わず、他人の仕事に手を出すことは、結局、自分のためにならないだけではなくて、社会全体の秩序を乱してしまう。決してそんなことをしてはならない。まずは、自分のなすべきことを精いっぱい行うこと。そして、できればその時に、「これをやったらお金がもうかるぞ」とか、「これをやったら他人に褒《ほ》めてもらえるよ」というような私利私欲から離れて、自らのなすべき仕事、自らに課せられた仕事を精いっぱい行うことが一番よい。そんなことが書いてあります。

考えてみると、同じことをキリスト教でも説いていますね。キリスト教では、神さまがこの世界を一人でお造りになられ、その神さまが一人ひとりの人間を見守ってくださっていて、すべての者たちを幸せに導いてくださる。そのように説かれています。

ただし、そうは言っても、神さまは何もしないで寝転がっている人間を、そのまま救ってくださるわけではありません。神さまは、この世界を少しでも素晴らしいものにするために、人間一人ひとりに対してそれぞれ役割を与えてくださっている。その神さまが与えてくださった役割を、精いっぱい行う者に対して、しかも、その時に私利私欲から離れて、心を込めて行う者に対して、神さまは祝福を与え、やがて天国へと導いてくださる。結局のところ、ヒンドゥー教もキリスト教も、同じことを教えています。

◇　◇　◇

では、仏教はどうでしょうか。仏教もまた、いろいろな形で同じことを説いていますが、ここでは道元禅師《どうげんぜんじ》の有名なお話をさせていただきます。

道元禅師が修行のために中国へ渡られた時の話です。中国に到着後、すぐに上陸の許可が得られず、しばらくの間、船の上で待たされていました。その当時、日本から中国への輸出品として、重宝《ちょうほう》されていたのが干したシイタケ。この干したシイタケを、中国の方々が買いに来られたそうですが、その中に、あるお寺で炊事《すいじ》係（典座《てんぞ》）を任されている一人の年老いた禅宗の和尚《おしょう》さまがいらっしゃったそうです。

年老いた和尚さまが来られたということで、道元禅師は、その和尚さまにお尋ねになりました。「和尚さま。あなたのようにお年を召された方ならば、お寺の中で坐禅をするとか、古い書物を読まれていればよいのに、なぜわざわざ自分でシイタケを買いに来られるのですか。」そう尋ねられたそうです。すると、その和尚さまは大笑いして答えられました。「日本からお越しの方。残念なことに、あなたはまだ、修行の何たるかをおわかりではないようだ。」

道元禅師は、このことがよほど印象深かったようで、日本へ帰られてから著された書物の中に、そのことを記されています。この和尚さまの言いたかったことは、いったい何だったのでしょうか。

私たちは、人と人との間、世間の間、社会の間で暮らしています。そうなれば当然、一人ひとりにはそれぞれの役割が与えられます。お寺の中も同じ。一人ひとりがそれぞれの役割をもって暮らしています。たまたま炊事係を仰《おお》せつかった以上は、食事のために、必要な食材を買いに出かけるのは自分の仕事、それを調理するのも自分の仕事、そして、それをみんなのもとへ運んで行くのも自分の仕事。どれ一つとっても、ごまかすことはできません。

もしも自分がこの仕事をやらなければ、修行中のすべてのお坊さんたちが、修行をできなくなってしまいます。お寺の秩序が乱れてしまいます。同時にまた、もしも炊事係という自分の仕事をやらずに他人に押し付けてしまったら、自分自身はやることを失ってしまい、居場所を失ってしまいます。

与えられた仕事を一生懸命、私利私欲《しりしよく》から離れて行うこと。結局は、それこそが自分のためであり、また、みんなのためであるということ。このことを、年老いた和尚さまは若き日の道元禅師に伝えようとされたのではないでしょうか。そうだとすれば、ヒンドゥー教も、キリスト教も、そして仏教も、みんな同じことを説いていることになります。

たしかに、一人ひとりの力は小さいかもしれません。それでも、みんながその小さな力を少しずつ出し合えば、やがて大きな力になっていきます。この大きな力を生み出すのは、結局は小さな私たち一人ひとりです。曹洞宗《そうとうしゅう》の『修証義《しゅしょうぎ》』という経典の中に、「一銭一草《いっせんいっそう》の財《たから》」でさえも、必要とされている方に提供しましょうということが説かれています。私たちは、まさにそこから始めなければならない。そんなことを、改めて思い起こさせられました。

◇　◇　◇

ところで、少し話が変わりますけれども、この震災を機に、私は仏教のある教えを、もう少し別の観点から見直したいと感じたことがございます。

残念なことに、原子力発電所があのような事態になりました。おかしいなと思うのです。「絶対に安全だ」と言われていたはずなのに、爆発したのです。一九九四年にアメリカのロサンゼルスで大地震が起こった時に、高速道路が倒壊しました。あの時に、日本のニュース報道では異口同音《いくどうおん》にこんなことを言っていました。「あのような事態はアメリカだから起きたのだ。日本の高速道路は十分な耐震設計がなされているから、そんなことは絶対に起こらない。」ところが、その翌年、阪神・淡路大震災で阪神高速道路が倒れました。「絶対大丈夫じゃなかったのか。」思わず、そう言いたくなりました。振り返ってみると、日本ではよく「絶対大丈夫なもの」がつぶれますね。昔、絶対沈まないはずの戦艦大和が沈みましたし、絶対負けないはずの日本が負けました。

「絶対」ということが、本当にあるのか。実は、これは仏教の教えの根本です。仏教では、「縁起《えんぎ》」という教えをその中心に据えています。「縁」というのは「何々によって」という意味。ですから、「縁起」とは、「何らかの原因によって、何らかの結果が起こる」ということです。さまざまな原因が集まることによって、何らかの結果が必ず起こる。世の中では、次から次へといろいろな変化が起こりますから、それらの一つひとつが原因となって、次から次へとその結果も変わっていきます。いわゆる「諸行無常《しょぎょうむじょう》」ということ。すべてのものは、次から次へと作り替えられていくが故に、時々刻々《じじこっこく》変化してやまないということです。

一方、「絶対」というのは、何があっても決して変わらないということです。極端なことを言えば、たとえ核爆弾が命中しても、原子力発電所はビクともしないというのが、「絶対安全」ということです。しかし、そのようなことは実際にあり得るでしょうか。繰り返しになりますが、「縁起」を説く仏教の立場では、あらゆるものが「諸行無常」です。それ故、「絶対」ということはあり得ないと説くのです。

◇　◇　◇

もしも今、この瞬間に震度七以上の地震が起こったら、この建物はおそらく倒れるでしょう。そんなことになったら、私たちはみんな下敷きです。しかし、普通そんなことは考えていませんよね。少しでもそのようなことを考えていたら、とても安心して日々の生活を送ることはできません。何もかも手につかなくなるでしょう。だから、考えないのです。けれども、もしかしたら今、そのような大地震が起こるかもしれないという意識は、やはり心のどこかに置いておくことが必要でしょう。

よく、十分に修行を積んだお坊さまは、生きることにも死ぬことにも執着しないと言われています。生にも死にも執着しないというのは、まさに今、震度七の地震が起きて、建物が倒壊したとしても、その時はその時だと考えて、それを泰然として受け入れることができるということでしょう。それができるのは、「絶対にそのようなことは起こらない」という気持ちを持っているからではありません。そんなふうに思っていたら、想定外のことが起こった時に、おそらくそれを受け入れることはできないでしょう。むしろその反対で、「絶対に大丈夫だ」という考え方に対する疑いを常に持っている。もしかしたら、何が起こるかわからないと思っている。そのことが、心の中に余裕を生み、思いがけないことが起こっても、それを受け入れる覚悟が定まる。子供たちと手鞠《てまり》をついて遊んでいたと伝えられる越後《えちご》の良寛《りょうかん》和尚の、「災難に逢《あ》う時節《じせつ》には災難に逢うがよく候《そうろう》　死ぬる時節には死ぬがよく候」という言葉は、そういうことではないのかなと思います。

◇　◇　◇

さて、仏教の立場からみれば、「絶対」ということはあり得ないということを申しました。思いもかけない理由によって、思いもかけない事態が起こるかも知れないのです。そうだとすれば、たいして役に立たないであろう一万円の義援金でも、もしかしたら、誰かにとっての助けになるかもしれません。どんな効果があるのかわからないような私の日々の行いが、もしからしたら、誰かを勇気づけるかもしれません。それだからこそ、私がなすべき行いを、手を抜くことなく忠実に実行し続ける。そのことにも、大切な意味があるのでしょう。私のささやかな行い、あるいは、わずかばかりの義援金が、人々を、そして日本全体を再び豊かに、幸せにしていくための第一歩になる。そんなふうに考えてみたいと思います。

（平成二十三年）

百《ひゃく》尺《しゃく》竿《かん》頭《とう》

禅の言葉に、「百尺の竿頭《かんとう》、さらに一歩を進め」という言葉がございます。まず、「百尺の竿頭」という部分ですが、一尺がだいたい三十センチですから、百尺と言えばおよそ三十メートルになります。つまり、三十メートルの「竿《かん》」、すなわち「さお」があるということです。この三十メートルくらいの長さのさおが、横ではなくて縦に立ててある。非常に高い棒が立っているわけですね。

それを一生懸命上っていった人がいるとしましょう。そして、とうとう百尺の竿頭、つまり、三十メートルのさおの一番上までたどり着いた。「ああ、見晴らしがいいな」ということになりますね。

今では六三四メートルの東京スカイツリーができましたから、それに比べれば三十メートルなんて小さなものかもしれません。しかし、ここに三十メートルのさおを立てれば、結構なものでしょう。

「見晴らしがいいなあ」と思っていたら、下から声がかかるのです。「さらに一歩を進め。」もう一歩進めと言われて、一生懸命上ってみます。まだ三センチぐらいは残っているかなと思って上ってみます。でも、「まだ足りない。」さらに一歩、さらに一歩。そのうちに、本当に行けなくなってしまいます。「もう無理です」と言いたいけれども、「さらに進め」と言われてしまう。さあ、あなたならどうしますか。

これが、「百尺の竿頭、さらに一歩を進め」というお話です。「これ以上行ったら落ちちゃうよ。」思わずそう言いたくなります。「では、好きにしなさい。」おそらく下からそう言われるでしょう。

◇　◇　◇

考えてみれば、このさおを一生懸命上っていって、一番上まで行っても、「ああ、いい景色だな」と思って力を抜いてしまったら、するするすると落ちてしまいます。景色を眺めているためには、そこでもう一歩上るくらいの気構えで、力を込めていなければなりません。そうだとすれば、さおの一番上にとどまって、景色を見渡すために力を込めていること自体が、「さらに一歩を」ということなのかもしれません。

しかし、中には、それでは駄目だという方もいらっしゃるでしょう。「あなたはいつまで三十メートルのさおに上っているのか。いつまで三十メートルのさおで満足しているのか。隣を見てみなさい。四十メートルのさおがあるのですよ。三十メートルを征服したならば、なぜ次の四十メートルにチャレンジしないのか。」そんな声が聞こえてくるかもしれません。

見渡せば、三十メートル、四十メートル、五十メートル、いろいろなさおが立っている。一つのさおを征服したならば、しばし休息するのは結構。しばし景色を眺めているのも結構。けれども、しばらくしたら、いったん下へ降りていき、また一から出直していく。そして、今度は四十メートル、五十メートルと、もっと上を目指して挑戦を続けていく。それこそが大切なことだということなのかもしれません。

間もなくロンドン・オリンピックが始まります。オリンピックに出場する選手たちは、その一瞬にかけて四年間、精いっぱいのトレーニングを積んでこられたと思います。この方々が、ほんの一瞬にすべてを出し切る。うまくいかれた方は金メダルを手にしますが、残念ながら、その瞬間に力を発揮できなくて、悔し涙を流す方もいらっしゃいます。

しかし、その一瞬が終わった瞬間に、実はもう、誰もが次のスタートラインに立っているのです。たとえ今回のオリンピックで金メダルを取っても、次のオリンピックまでのんびりしていたら、今度は予選落ちしてしまいます。金メダルを取ったその喜びに、しばし浸るのは結構。数日間喜びに浸っているのは結構。しかし、トップ選手であればあるほど、「喜びは今日まで。明日からまた第一歩。四年後を目指してがんばります」という、そんな言葉を語っています。これもまた、「百尺の竿頭、さらに一歩を進め」ということなのかもしれません。

◇　◇　◇

さて、お寺で行う法要といえば、その多くは亡き方々のご冥福をお祈りするものだと言ってよいでしょう。そのような、亡き方に対して行われる最初の法要は、もちろん、お葬式ということになります。

お葬式の際には、さまざまな弔辞《ちょうじ》が述べられます。そうした弔辞の中で、しばしば耳にするのが「お疲れさまでした。どうぞゆっくりお休みください。どうぞ空の上から、私たちを見守っていてください」という言葉です。

この長い人生を、全力で努められた方に対して、「お疲れさまでした。ゆっくりお休みください」と語りかける思いはよくわかります。病気で苦しまれていた方が、ようやく楽になられたわけですから、「どうぞごゆっくり」と声を掛けたくなる気持ちも、もちろんわかります。

ただ、ふと思うのです。いつまで休んでいたらいいのだろう。このままずっと休んでいるだけなのだろうか。このままずっと空の上で、家族のことを見守っているだけでいいのだろうか。もちろん、一週間、二週間、そして四十九日、百か日。人によっては一年、二年。しばしの休息を必要とされる方、あるいは休息を願われる方もいらっしゃるでしょう。しかし、これが「永久に休んでいなさい」となってしまったら、もしかしたら、退屈してしまうのではないだろうか。そんなふうにも考えるのです。

皆さんの中にも、勤められていた会社を定年で退かれた方がいらっしゃると存じます。それまで一生懸命働いてきた方が、定年を迎えられて、「ああ、これでようやく定年だぞ。悠々自適《ゆうゆうじてき》の生活が待っているぞ」と思われる。そして、一日目、二日目はのんびりした生活を楽しんだとしても、一年たち、二年たってくると、「退屈だな。からだを持て余すな。もう一回、第一線に立って働きたいな。」そんなことを思われるようになる方も、多いのではないでしょうか。

しばし休息をする。もちろんそれは大切なことです。しかしながら、ある程度の休息を経《へ》た後は、再びまた第一線に立って、今までと同じことをやる。もしくは、今までとは違ったことにチャレンジする。この挑戦は、幾つになっても変わることはないでしょう。それならば、亡くなられた後も、再び同じような挑戦が続いていくのではないでしょう。

◇　◇　◇

仏教では、昔から「輪廻転生《りんねてんしょう》」ということを説いています。あらゆる生き物が、生まれては死に、生まれては死にというように、あたかも輪が廻《まわ》るようにぐるぐると生と死を繰り返す。それが生き物だというのです。つまり、この世に生を受けた者は、その一生を全力で生きる。そして、亡くなられた後は、しばしの休息を経た後に、再びまたどこかの世界で、新しい一歩を踏み出していく。

それならば、その新しい世界で、少しでも素敵な世界で、少しでも素敵な一生を送ってください。そのために、遺《のこ》された私たちは、もしかしたら住む世界が違うかもしれないけれども、あなたのその新しい一生を、全力で応援させてもらいますよ。がんばってくださいね。これが、亡き方々にご法要を捧げるということ、ご冥福をお祈りするということの意味なのではないでしょうか。

ただし、この輪廻転生の考え方、あるいは、いつまでも素敵な挑戦を続けていこうという考え方は、亡くなられた方々だけではなく、仏さまたちにも同じようにあてはまります。例えば、浄土宗《じょうどしゅう》や浄土真宗《しん》では、「南無阿弥陀仏《なむあみだぶつ》」というお唱えがなされます。この阿弥陀仏とは、既に悟りを開かれた仏さま。なすべきことをなし終えた仏さまですから、本来はもうそれ以上、何もやらなくてもよい方です。

でも、それでは満足ができない。この世で苦しんでいる者が一人でもいるならば、もう一回、私はこの世に戻ってきて、人々を救って差し上げたい。そんな思いのために、阿弥陀仏は既に悟りを開き、完成してしまった仏としての自らの地位を捨ててまで、再びこの世界に戻って来て、私たちをお救いくださろうとされている。そのお方に向かって、「南無阿弥陀仏」とお唱えしているわけなのです。

しかし、これは阿弥陀仏だけの話ではありません。あらゆる仏さま、あらゆる菩薩《ぼさつ》さま、そしてあらゆる人々が、みな同じ。私たちもまた同じです。生きている限り、一つ一つの目標を達成したら、そこでしばし休む。しかし、休みを終えたらまた一から挑戦し、百尺の、二百尺の、そして三百尺の竿頭を目指して上っていく。亡くなった後も、しばしの休息を経て、再びまた一歩一歩、歩んでいきましょう。

曹洞宗においては、「生生世世《しょうしょうせせ》」ということを申します。生《しょう》は一生の「生《しょう》」、世《せ》は世界の「世《せ》」です。つまり、何度も何度も生まれ変わり、何度も何度も死に変わりしながら、その生と死の繰り返しの中で、常に全力で一歩一歩、歩いていきましょうということです。

これこそが、曹洞宗のみならず、浄土宗、浄土真宗、そして、あらゆる宗派を超えた仏教の教えなのではないでしょうか。一つ一つの事柄に全力で取り組みながら、それが終われば一休み。そして、また新しい事柄に全力で挑戦を続けていく。そんな日々を歩み続けていくことにこそ、生きていくということの、本当の意味、本当の目標があるのかもしれません。

（平成二十四年）

輪《りん》廻《ね》転《てん》生《しょう》

わが国では、人が亡くなられて葬儀を行った後にも、初七日《しょなのか》、二七日《ふたなのか》、三七日《みなのか》、そして、四十九日《しじゅうくにち》と供養が重ねられていきます。しかし、その後も、一周忌、三回忌、七回忌というように、年忌《ねんき》供養は続けられてまいります。このような形で供養を重ねていくことには、どのような意味があるのでしょうか。そこには、「いのち」に対して日本人が古くから抱いてきた思いや、仏教の考え方が反映しています。

改めて申すまでもなく、人はこの世に生まれた後、誰もが死を迎えなければなりません。それならば、死んだ後はどうなるのだろうか。このことは、昔から人々の関心事でありましたが、今から二五〇〇年前、インドでお釈迦さまが仏教をお説きになられた頃、既に一つの考えが生まれていました。あらゆる生き物は、死んですべてが終わってしまうわけではない。この世で死んだ後、やがて再びこの世に生まれ変わってくる。そして、一生を終えた後に、また死に、また生まれる。ちょうど輪がぐるぐると廻《まわ》るように、生と死を繰り返すという考え方。「輪が廻る」と書いて、「輪廻《りんね》」、もしくは「輪廻《りんね》転生《てんしょう》」と呼ばれる考え方が存在していました。

では、再び生まれ変わると言うけれども、いつ生まれ変わるのか、そして、どこへ生まれ変わるのか。当然、それが人々にとっての次なる関心となりました。この問題に対して、多くの人々が長い時間をかけて導き出した答えが、亡くなってから四十九日がたつまでに生まれ変わりの場所が定まる。そして、その生まれ変わるべき場所は、ほかならぬ自分自身の生前における、もしくは、それ以前の前世における行いによって決まる。いわば、自業自得《じごうじとく》の原則によって定まるというものでした。

◇　◇　◇

「自業自得」という言葉は、昨今ではあまり善い意味では用いられていません。けれども、この「自業自得」の原則は、善くも悪くも自業自得。善い行いをすれば、必ず善い報《むく》いがあり、悪い行いをすれば、必ず悪い報いが戻ってくる。生前の、もしくはそれ以前の前世のさまざまな行いは、善いものも悪いものも、いずれはその影響力を一つ残らず発揮するというものです。そうした数多くの行いの中の幾つかが、とりあえずは次の生まれ変わりの条件を決定する力を発揮する。そのように考えられるようになったのです。

もっとも、そうは言いましても、私たちが一生の間に、善いことしか行わないとか、悪いことしか行わないということはあり得ません。と言いますのも、私たちはご飯を食べないわけにはいきません。肉を食べ、魚を食べるということは、動物のいのち、魚のいのちをいただいていることです。どうしても、それを避けることはできないのです。

一方、どんなに悪人と言われる人であっても、どこかで善いことをしてしまうでしょう。芥川龍之介《あくたがわりゅうのすけ》の小説、『蜘蛛《くも》の糸』を思い浮かべていただければ、何となくおわかりいただけるかと思います。かくして、一人の一生の中では、善い行いと悪い行いが、プラス・マイナス・ゼロになるくらい、同じように存在するのかもしれません。そうした中から、いずれかの行いが影響力を持って、次の一生のあり方を決めることになる。それならば、少しでも善い行いが影響力を発揮して、少しでも善いところに生まれ変わることができますように。そんな願いを込めて、四十九日までの間、人々は祈りを捧げることになります。そして、やがて四十九日が訪れた頃、故人の生まれ変わるべき場が定まります。

そうだとすれば、四十九日が過ぎれば、もはや供養をする必要はないのではないか。そのようにも言いたくなりますが、次第に人々の考え方に変化が生じてきたようです。わが国では江戸時代の半ば頃までに、四十九日が過ぎたからと言って、すべてが終わりというわけではないという考え方が定着してまいりました。

すなわち、四十九日を迎えた後に、その生まれ変わった境遇で、幸せになるか、それとも不幸せになるかということはまだわからない。それを決めるのは、もちろん亡くなった人自身の前世までの行いの善し悪しではあるけれども、それに加えて、遺《のこ》された者たちが、故人のためにどれだけの供養をしてあげるのかによっても、生まれ変わった先での幸せの度合は変わっていく。そのような考え方が登場しました。ですから、遺された者たちがしっかり供養をしてあげることこそが、故人が生まれ変わった先で、さらに幸せになるためには絶対必要である。だから、一周忌、三回忌、七回忌という年忌法要は、しっかりと行わなければならない。そのような考え方が、今日《こんにち》の私たちにまで大切に伝えられているのです。

◇◇◇

ところが、そのような話をいたしますと、最近では次のような反論をされてしまいます。「たしかに、昔の人はそう考えたのかもしれない。けれども、それは単なる昔からの言い伝え、昔の人の作り話にすぎないではないか。そもそも生まれ変わりという考え方自体が、科学的には証明できないものである。まして、遺された者が供養することによって、生まれ変わった先での幸せが変化するということは、あくまで、この世に生きている者の勝手な想像ではないか。」そのようなことをおっしゃる方が、次第に増えてきました。

昨今の風潮として、自分が見たものは信じる。あるいは、科学者が言うことは信じるけれども、昔からの言い伝え、しかも、それが宗教や仏教にまつわる言い伝えとなると、ただの作り話、ただの昔話、ただの迷信だと言って、笑ってすごしてしまう。そんな風潮が強まってきたような気がいたします。

しかし、そう言いきってしまっていいものでしょうか。例えば、科学者が「地球は四十六億年前に誕生した」というような話をします。けれども、四十六億年前に、実際に地球が誕生するところを見た人はいるでしょうか。無論、そんな人は誰もいません。さまざまな実験や観察から得られたデータを集め、それをもとにして計算してみたら、四十六億年という数字が出てきたにすぎません。これは、あくまで仮説です。今後、科学がさらに発展すれば、新しい実験データが得られるかもしれない。それによって、この数字はどんどん変わっていくかもしれないのです。

一方、生まれ変わり云々《うんぬん》という話。もちろん、そのすべてが真実だとは申しませんけれども、やはり、二千年以上にわたって、多くの人たちが知恵を集めて生み出した知恵の結晶です。そこに、何がしか学ぶべきものがあるのではないか。私はそう思います。

◇　◇　◇

先日、内山節《たかし》氏の『日本人はなぜキツネにだまされなくなったのか』（講談社現代新書）

という本を読んでいましたら、面白いことが書いてありました。昔、日本では誰もが当たり前のように、日々、キツネやタヌキにだまされながら暮らしていたという話です。旅人が夕方遅くなって、そろそろ今晩の宿をどこかに求めたいと思っていたら、あちらの方角に人家の明かりが見える。これは助かったと思って、「一晩泊めてください」とお願いした。ところが、朝、目を覚ましてみると、何もない野原の真ん中で、ひとり、「大」の字で寝ていたという話。あるいは、「おなかが減ったなあ。何か食べたいなあ」と思っていたら、どこからともなく人が現れて、「こんなものでもよかったらどうぞ」と、おむすびをくださった。ありがたく頂戴《ちょうだい》して口にほおばってみると、それはそれは温かくて、ほかほかした馬の糞だったという話。そのような話が、どこでも当たり前のように語られていました。

ところが、著者の内山氏が、全国各地でこのような話を聞いて歩いているうちに、一つのことに気がつかれました。今から約五十年前。一九六五年、昭和四十年。前回の東京オリンピックが開催された昭和三十九年の翌年です。この年を境《さかい》にして、全国から一斉に、こうしたキツネやタヌキにだまされたという体験談が、ばったりと途絶《とだ》えるのだそうです。なぜでしょうか。

いろいろな理由が考えられるけれども、その中の一つの大きな理由として、高度経済成長が挙げられるのではないか。それまで、野山を駆け巡り、田んぼを耕《たがや》し、畑を耕して暮らしていた人たちが、山を切り崩し、田畑を売り払い、そこに工場を建て始めた時代です。田畑を売り払ってしまったために、農業をできなくなった人たちが、都会へ出て、会社勤め、工場勤めを始めた時代です。若者たちが都会へ出て行きましたから、その子どもたちは、田舎のおじいちゃん、おばあちゃんと暮らすことができなくなりました。そのため、夜、寝る前に、おじいちゃんやおばあちゃんから昔話を聞くことができなくなりました。そのかわりに、学校の授業を通して、科学的、合理的な話ばかりを聞いて育つようになった時代です。それ以来、五十年。日本人の考え方は大きく変わりました。

しかし、そろそろ曲がり角を迎えているのではないでしょうか。その大きなきっかけになったのが、やはり、あの東北地方における地震と津波だったのではないかと思います。あの地震が起こるまで、政府やマスコミは、「大きな地震が来ても、しっかりと建てられた建物の中にいれば大丈夫だ。津波が来ても、巨大な堤防があれば防いでくれる。人間は科学の力を使って、自然をコントロールできる。だから、安心してください。」そんなことを言っていました。

けれども、実際はどうだったか。あれ以来、政府やマスコミの言うことは変わったと思います。「頑丈《がんじょう》な建物でも、大きな地震が起これば耐えられないかもしれない。巨大な津波が襲ってきたら、堤防では防ぎきれないかもしれない。人間がどんなに頑張っても、自然を完全にコントロールすることはできない。だから、まずは逃げてください。」そんなことを言い始めています。科学の力で自然をコントロールできるという考えの方が、むしろ作り話でした。それどころか、「昔、大津波が襲ってきて、内陸の奥深いところまで水が押し寄せたことがある」というような言い伝え、これまで誰も見向きもしなかった昔話の掘り起こしを、各地の自治体が一生懸命に行っています。昔からの言い伝えには、やはり耳を傾けるべきものがあったということが、はっきりと証明されているのです。

一方、昨年には、富士山が世界遺産に認定されたという、うれしいニュースもありました。ただし、富士山そのものが自然遺産として認められたわけではありません。富士山を仰《あお》ぎながら、富士山の恵みを受けながら、時には富士山に畏《おそ》れを抱きながら暮らしてきた人々の生活や文化、伝統が、世界から認められた文化遺産です。

数年前には、紀伊《きい》半島の熊野古道《くまのこどう》の世界遺産登録というニュースもありました。しかし、これも熊野の山そのものが、遺産として認定されたわけではありません。熊野の山の中を歩き廻《まわ》り、自然に親しみながら、その中で目に見えない神さまや仏さまに祈りを捧げてきた人々の思い、祈り、信仰心。そのようなものが世界から認められた結果の文化遺産です。日本人は、そうした昔からの人々の知恵や伝統を、改めて見直すべきではないですか。そんなメッセージを、私たちは世界中から与えられているのだと、私は考えております。

◇　◇　◇

さて、亡くなられた方が生まれ変わるということが、実際にあるのかどうかは、もちろんわかりません。仮に生まれ変わりがあるとして、故人が今どこにいらっしゃるのか。もちろん、これもわかりません。しかし、消えてなくなったわけではないでしょう。もしも消えてなくなってしまったのであれば、故人に対して冥福を祈る必要はないはずです。

ちなみに、「冥福」の「冥」という字は、「冥土」、すなわち亡き者がさまよいゆく場所であり、地獄に通じる世界を表している。だから、「冥福」という言葉を用いるべきではないという方もいらっしゃいますが、それは一つの解釈にすぎません。「冥」という字は、その他にも「くらい」とか「よくわからない」、あるいは「目に見えない神仏の働き」という意味を表しています。故人の生まれ変わった先がどのようなところであるのか、遺された者にはわかりませんが、きっとどこかにいらっしゃる。だから、その幸せ、「福」を祈る。もしくは、神仏のご加護による「福」を祈る。すなわち「冥福」を祈る。このように理解すればよいのではないでしょうか。

亡くなられた方が、今、どこにいらっしゃるのかはわからない。けれども、きっとどこかにいらっしゃる。だから、その世界で、どうぞ素晴らしい一生を送ってください。素敵な日々を送ってください。私たちもこちらの世界から、精いっぱい応援をさせていただきます。でも、私たちも幸せに暮らしていきますよ。安心して見守ってくださいね。住むところは違ってしまったかもしれない。あるいは、あなたがどこにいらっしゃるのかはわからない。けれども、私はあなたを応援していますよ。あなたも私のことを応援してくださいね。お互いに、お互いの幸せを祈り合う。そのような応援合戦をすることで、改めてお互いの絆《きずな》を確認し合う。そこにこそ、昔の人たちが供養というものに込めた祈りや思いがあったのではないでしょうか。

そうだとすれば、生まれ変わり云々《うんぬん》ということが、科学的に正しいかどうかということは、ここでは問題にはなりません。むしろ、供養に込められた人々の思いにこそ、私たちが受け継ぐべき大切なものが存在していると言えるのではないでしょうか。

（平成二十五年）

成仏《じょうぶつ》を祈る

人が亡くなられた後に、遺《のこ》された方々はそれぞれの機会をとおして、例えばお墓参りで、あるいはお仏壇で、あるいは年忌《ねんき》法要の場において、故人に対する供養を行います。その時に、人によってさまざまな願いが込められるかと思います。昨今では、「天国で幸せに暮らしてください」という祈りも捧げられているようですが、元来、この「天国」云々《うんぬん》という考え方は、キリスト教に由来するものです。むしろ、伝統的な仏教の立場においては、「成仏《じょうぶつ》してください」という祈りが、最も丁重なものだと言えるでしょう。けれども、この「成仏してください」という時の「成仏する」とは、一体どうなることなのでしょうか。考えてみると、これはなかなか難しい問題です。

「成仏」。漢字で「仏《ほとけ》に成る」と書きます。それならば、特に問題はないではないかと言いたくもなります。けれども、私たちは亡くなられた方のことを、普段から何気なく

「仏《ほとけ》さま」と呼んでいます。もしも亡くなるだけで「仏さま」になれるのであれば、何もわざわざ「成仏してください」と祈る必要はないはずです。そうだとすれば、「成仏する」というのは、単に亡くなることではなくて、もっと深い意味が込められていることになります。

◇　◇　◇

その答えを見つけるヒントは、「仏《ほとけ》」という言葉にあるように思います。成仏の「仏」とは、いったい何を表しているのでしょうか。

まずはじめに、仏教で「仏」という場合、それは何をおいてもお釈迦さまを表しております。二五〇〇年前に、仏教を開かれたお釈迦さまのことを、私たちは「仏さま」と呼んでいます。けれども、私たち一人ひとりが亡くなった後、お釈迦さまになることはできません。なにしろ、お釈迦さまは二五〇〇年前のインドに実際に生きていらっしゃった歴史上の人物です。その方に、私たち自身がなれるわけがありません。そうだとすると、成仏の「仏」はお釈迦さまではないことになります。

「仏」という言葉を聞いて、阿弥陀如来《あみだにょらい》や観音菩薩《かんのんぼさつ》、地蔵《じぞう》菩薩を思い浮かべられる方がいらっしゃるかもしれません。では、その場合、私たちは亡くなった後に阿弥陀如来になるのでしょうか。それとも、観音菩薩になるのでしょうか。

浄土宗《じょうどしゅう》や浄土真《しん》宗の信者の方々を中心として、「南無阿弥陀仏《なむあみだぶつ》」とお唱えになられる方が多くいらっしゃいます。この「南無阿弥陀仏」の中の「阿弥陀仏」という部分は、阿弥陀如来のお名前ですから、阿弥陀如来に向かって「南無」と言っていることになります。「南無」とはどういう意味でしょうか。漢字で「南無」と書きますけれども、これはインドの「ナマス」という言葉を、漢字に当てはめたものにすぎません。

インドの「ナマス」という言葉など、聞いたこともないとおっしゃる方が多いかと思いますが、もしかしたら、既に大勢の方がご存知かもしれません。「こんにちは」という挨拶を、インドでは「ナマステー」と表現します。この「ナマステー」の「テー」という部分は、「あなたに対して」という意味です。ですから、「あなたに対して、ナマス」。この「ナマス」という部分は、誰それのことを大切に思う、誰それのことを尊敬している、誰それについて行く。そんな意味を表しています。ですから、「ナマステー」

という言葉は、あなたのことを大切に思っていますとか、あなたのことを尊敬していますというような意味を表しており、それが「こんにちは」という意味で用いられているわけです。

この「ナマステー」の中の「テー」の部分に「阿弥陀仏」という言葉を入れて、「ナマス、阿弥陀仏」。これを漢字で「南無阿弥陀仏」と表します。ですから「南無阿弥陀仏」という念仏は、「阿弥陀如来のことを大切に思っています。阿弥陀如来のことを尊敬しています。阿弥陀如来について行きます」というような意味になります。ちなみに、阿弥陀如来は極楽浄土《ごくらくじょうど》にいらっしゃる仏だと言われていますから、「南無阿弥陀仏」という念仏は、「私を極楽浄土に連れて行ってください」というお祈りということになります。ともあれ、私自身が阿弥陀如来になりたいという、だいそれた祈りではありません。ですから、成仏の「仏」は、阿弥陀如来ではありませんし、同じように、観音菩薩や地蔵菩薩でもありません。

この他に、「仏」という言葉から何を思い浮かべられるでしょうか。例えば、お寺の本堂の正面には、ご本尊が祀《まつ》られています。この本尊仏は、非常に失礼な言い方をすれば仏像です。私たちは、仏像を見ると「あ、仏さまだ」と言って、祈りを捧げます。けれども、私たちが亡くなっても、仏像にはなりません。せいぜいお位牌《いはい》になるくらいでしょう。そうだとすれば、成仏の「仏」は仏像でもありません。

「生き仏《いきぼとけ》」という言葉もあります。しかし、これは生きているからこそ「生き仏」です。亡くなってしまっては、もはや「生き仏」とは言えません。

不謹慎な例を一つ。テレビで刑事ドラマを見ていますと、ドラマの中で殺人事件が起きた時に、「ホトケはどこだ」というセリフが刑事役の人から発せられます。この場合の「ホトケ」は、おそらくご遺体でしょう。私たちは、亡くなった後には誰もがご遺体になります。けれども、ご遺体になるだけであれば、何も「成仏してください」と祈る必要はないはずです。そうだとすれば、これも成仏の「仏」ではありません。

◇　◇　◇

この他に、「仏」という言葉の意味はあるでしょうか。実のところ、私もそろそろネタ切れでございます。そこで、改めて出発点に戻ってみましょう。

「仏」と言えば、まず第一にお釈迦さまのことだと申しました。では、なぜお釈迦さまのことを「仏」と呼ぶのでしょうか。

インドでは、お釈迦さまのことを、別名「ブッダ」と呼んでいます。インドの「ブッダ」という言葉を漢字に当てはめたのが「仏陀《ぶっだ》」。仏陀の「仏《ぶつ》」は仏教の「仏《ぶつ》」。これを訓読みで発音すれば、「ほとけ」です。つまり、「仏《ほとけ》」というのは、「ブッダ」というのと同じ。「仏《ほとけ》さま」というのは、「ブッダさま」というのと同じなのです。

では、この「ブッダ」という言葉は、もともとどういう意味を表していたのでしょうか。インドにおいて、「ブッダ」という言葉は「悟りを開いた者」、「真理に目覚めた者」という意味を表しています。お釈迦さまは一生懸命修行をして、ついに悟りを開かれました。その悟りの内容とは、どうやったら苦しみから逃れることができるか、どうやったら心穏やかに暮らすことができるかという問いの答えでした。

お釈迦さまがおっしゃるには、苦しみは理由もなく、原因もなく生まれてくるものではない。必ずそこには理由がある、原因がある。例えば「おなかが痛い」という苦しみがある時には、食べ過ぎたとか、胃に穴が開いているというような理由があるのと同じで、心の中にさまざまな苦しみや悩みがある時には、必ず相応《そうおう》の理由や原因が存在する。だから、その理由や原因を取り除けばいい。

では、その理由、原因とは何か。それは、一言でいえば欲望、あるいは煩悩《ぼんのう》です。それ故、欲望を取り除きさえすれば、あるいは煩悩を取り除きさえすれば、私たちは苦しみから逃れて、心穏やかに暮らすことができる。お釈迦さまはそうおっしゃいました。

しかし、そのように申しますと、必ず反論されてしまいます。「人間からすべての欲望を取り除いてしまったら、生きていけませんよ。長生きしたいというのは欲望。死にたくないというのも欲望。おなかが減ったから何か食べたいというのも欲望。眠たいというのも欲望。これらのすべて取り除いてしまったら、あとは死ぬだけではないですか。お釈迦さまは私たちに対して、早く死になさいとおっしゃっているのですか。」このように反論されてしまいます。

けれども、もちろんそれは違います。生きていくために必要不可欠な欲望は、ぜひ大切にしてください。しかし、どう考えても不必要な欲望、あるいは、身の丈をはるかに超えた欲望、そのようなものに振り回されていると、自分を見失って苦しむことになりますよということです。

私は、しばしば若い人たちにこのような話をします。「もしあなたが、生活のためにどうしても車が必要だ。車がないと不自由でたまらないというのであれば、何も我慢する必要はない。車を買えばよろしい。ただし、車を買う時には、必ずお財布と相談してください。」

若い人ですからお金がありません。それでも、銀行口座を確認したら、三十万円あったとしましょう。そうだとしたら、実に幸いです。最近では、性能には問題がないのに、年式が古いというだけの理由で、驚くほど安く売られている中古車がありますよね。時々、十万円とか、二十万円というような値段が付けられている車もあります。私も半信半疑ではあるのですが、どうしても車が必要だというのであれば、検討してみる価値はあるでしょう。

その時に、「私は、中古車は嫌だ。国産車も嫌だ」と言っていますと、外国製の新車になってしまいます。そうしたら、数百万円、時には一千万円ということになってしまいます。三十万円しか持っていない者が、そんなに高価な車を買えるはずがありません。中には、「私は若いから体力には自信があります。一生懸命にバイトをすれば、何とかなります」と言う者がいるかもしれません。しかし、そう簡単にお金が貯まるのであれば、誰も苦労はしませんね。どうしてもその高級車が欲しいのであれば、将来の目標にしておけばいいでしょう。取りあえず、今は自分が無理することなく買える範囲の車を買っておけば、生活は楽になるし、車が欲しいという欲望からも、とりあえずは解放されます。

「少欲知足《しょうよくちそく》」という言葉があります。少ない欲で足るを知る。これこそが、仏教の教えの極意です。

◇◇◇

現在、世界的に活躍されている仏教の指導者の一人に、チベットのダライ・ラマがいらっしゃいます。しばしば日本にお越しになって、講演会やインタビューなどを受けられています。そうした中で、十年ほど前には、こんなインタビューがありました。

インタビューをした方が、ダライ・ラマに尋ねられました。「ダライ・ラマさま。あなたは人々から生き仏さまだと言われています。生き仏であるならば、泣いたり、怒ったりすることはなく、いつも穏やかにほほ笑んでいられるのですか。」

そのように尋ねられた途端《とたん》に、ダライ・ラマは大きな口を開けて、豪快に「わはは」と笑い始められました。「冗談はやめてください。私はあなたと同じ、一人の生きている人間なのです。考えてみてください。目の前で人が殺された時に、それをニコニコほほ笑んで見ていられますか。目の前で人がいじめられているのを、ニコニコ見ていてよいのでしょうか。それは、人間のやることではないでしょう。怒るべき時には本気で怒る。悲しむべき時には本気で悲しむ。うれしい時には本気で喜ぶ。それが人間です。しかし、何が起ころうとも、心の奥深いところまでかき混ぜて、自分を見失ってはいけません。深い海を思い浮かべてください。海の表面では、波が寄せては返すということを繰り返しています。それと同じように、私の心の表面でも、さまざまな思いや感情が現れては消えていきます。しかし、海の一番深い所の水は、何があっても常に穏やかです。私は、この深い海のような心を持ちたいと思っています。」

私の記憶違いの点もあるかもしれませんが、おおよそ、このようなことをおっしゃっていたと思います。もしも私たちが、身の丈《みたけ》をはるかに超えた欲望に振り回されていたら、おそらく心の一番奥深いところまでかき混ぜて、自分を見失ってしまうでしょう。ダライ・ラマの言葉は、しっかりとお釈迦さまの教えを受け継いだものだと思います。

◇　◇　◇

さて、そろそろ「仏」の意味がわかってきたのではないでしょうか。「仏」とはブッダ。ブッダとは悟りを開いた者。そして、その悟りの内容とは、欲望から離れることによって苦しみから逃れることができるということでした。

人が亡くなる時、おそらく誰もがさまざまな思いを抱くことでしょう。「もっと長生きをしたかった。」「あれをやっておけばよかった。」「これもやりたかった。」いろいろな思いを抱きながら、旅立っていかなければなりません。けれども、亡くなってしまった以上、もはや、そのような願いを実現することはできません。そして、この思いをいつまでも引きずっていたら、文字どおり死んでも死にきれないでしょう。心が休まらないと思います。ですから、「いろいろな思いがあるだろうけれども、今となっては、その一つ一つを鎮《しず》めてください。ゆっくりでいいから、さまざまな欲望から離れて、心を安らかにしてください」という祈りを捧げる。これこそが、「成仏してください」ということではないでしょうか。

しかし、ここで考えてみれば、お釈迦さまは三十五歳で悟りを開いて「ブッダ」になられました。そして、八十歳で亡くなるまでの四十五年間を「仏」として生き続けられました。つまり、仏になること、成仏するということは、決して亡くなった方だけの特権ではないのです。生きている者も、成仏を目指すことができるし、また、目指さなければならない。これこそが、お釈迦さまの教えです。

だが、そうは言われても、人が生きている限り、欲望は次から次へと生まれてきます。それを止めることはできません。そこで、次から次へと湧き出してくる欲望に対して、私たちは、この欲望は自分にとって必要なものか、必要のないものか、身の丈に合ったものか、身の丈を超えたものかというように、その一つひとつを吟味《ぎんみ》していくことが大切です。必要な欲望は、是非、大事にしてください。しかし、必要のない欲望、身の丈をはるかに超えた欲望は、さっさと切り捨てていきましょう。このような選別を日々繰り返していくことによって、私たちも一歩一歩、心穏やかな「仏」の境地に近づいていくことができるのかもしれません。

◇◇◇

亡くなられた方にとって、一番うれしいことは何でしょうか。おそらく、遺された家族の方々が、心穏やかに幸せに暮らしている姿を見守ることではないでしょうか。そうだとすれば、遺された者たちが心穏やかに「成仏」せずして、どうして亡くなられた方が「成仏」できましょうか。亡くなられた方に「成仏してください」と言うために、まずは自分自身が成仏しないわけにはいきません。「どうぞ成仏してください。」そのような祈りを捧げる時には、「私も成仏を目指します」という覚悟を定めることが必要です。「どうぞ成仏してください。私も成仏しますから。」「私はあなたの成仏を応援しています。ですから、あなたも、私が成仏できるように応援してください。力を貸してください。」お互いがお互いの成仏を祈り合い、お互いの成仏に応援を送り合うこと。そこにこそ、故人に対する供養に込められた先人たちの知恵があるのではないでしょうか。そうだとすれば、故人の成仏を祈るとともに、遺された自らの成仏を祈ること。それが結局のところ、故人に対する最高の供養になるのではないかと私は思います。

（平成二十六年）

あとがき

本書は、静岡市葵区《あおいく》にある曹洞宗顕光院《けんこういん》の三代の師弟が、四十年にわたって檀信徒の方々に語りかけてきた法話をまとめたものです。

顕光院は、寺伝《じでん》によれば天文《てんぶん》元年（一五三二）に真言宗の寺院として開かれましたが、元亀《げんき》二年（一五七一）頃、御開山揚室印播禅師《ごかいさんようしついんばんぜんじ》によって曹洞宗に改宗されました。寛永《かんえい》十一年（一六三四）には信濃国《しなののくに》（長野県）長沼藩主であった佐久間勝之公《さくまかつゆきこう》の菩提所《ぼだいしょ》とされたようですが、その後は幕府直轄領《ばくふちょっかつりょう》の駿府《すんぷ》（静岡市）にあって、町人を主体とする檀家によって支えられてきた地方の一寺院にすぎませんでした。しかし、明治時代になると檀信徒の支援によって大きく発展し、二十五世住職の代に、宗門最高の格式を認められることになりました。

その二十五世住職が昭和十四年一月に急逝したことを受けて、同年三月十日、私の祖父である木村義祐《ぎゆう》が二十六世就任の晋山式《しんさんしき》を行いました。その後、昭和五十六年五月六日には二十六世が退任し、父であり師匠でもある木村自佑《じゆう》が二十七世に就任する晋山式が行われました。そして、平成二十七年四月二十六日、師匠の退任にともない、私（木村文輝《ぶんき》）が二十八世に就任する晋山式を挙行することになりました。この三代の住職が、本書に収めた法話の語り手です。

◇　◇　◇

顕光院はもともと町人の寺であり、しかも、昭和二十年六月十九日の静岡空襲に罹災《りさい》したため、特別な宝物《ほうもつ》は残されておりません。けれども、当院では祖父の代より、拙《つたな》いながらも法話を行うことを大切にしてきました。その一環として、三代にわたって静岡刑務所の教誨師《きょうかいし》を勤めていることは、私どものささやかな誇りです。

加えて、その法話も、一般の寺院住職が行うような「ありがたい仏さまのお話」とは一線を画《かく》すものかもしれません。祖父の法話は古今東西の先哲の言葉を自在に活用したものであり、父のそれは、昭和三十年代に自らが経験したアメリカ社会の光と影と、かの地で学んだユダヤ教の知見にもとづく合理的な視点に特徴があります。そして、私の話は、大学における研究成果をわずかながらも反映させたものになっています。

しかしながら、祖父や父がおりに触れて語った法話は、残念ながら記録としては残されていません。そこで、本書の第一章と第二章には、祖父や父が住職として毎年の歳末に檀信徒にお配りした挨拶文の中から、近況報告を除いた法話の部分を採録することにしました。そのため、挨拶文の大半が近況報告で占められている年に関しては、本書に掲載がありません。また、祖父の法話については、内容的に古すぎる点もあるために、昭和五十年以降のものに限定しました。一方、第三章においては、私が毎年夏の施食会《せじきえ》の際に行った法話を収録することにいたしました。

それぞれの法話には、書籍や新聞、あるいは講演などからの引用がしばしば含まれています。本書への収載《しゅうさい》にあたっては、正確を期すために、その出典との照合を試みたのですが、もともと出版を念頭においたものではなかったため、典拠のわからないものもあり、十分な確認を行うことができませんでした。この点については、ご了承願いたく存じます。

本書のカバーの画《が》と讃《さん》は、祖父の師匠である顕光院二十五世、加藤道《どう》順《じゅん》大和尚の遺作（深井喜久男氏所蔵）です。金獅子に乗る文殊菩薩《もんじゅぼさつ》の姿は、まさに三代の法話をまとめた本書にふさわしいものであり、また、私たち三代に仏法を伝えてくださった二十五世に対する尊崇の念を込めて、利用させていただきました。その意味で、本書のタイトルは「四代のほとけ」とするべきだったかもしれません。

◇◇◇

本書は、師匠の住職退任と、私の晋山を記念して刊行を企画したものです。そのため、本書の刊行にあたって、まずは顕光院の御開山以来の歴代住職に報恩の誠《まこと》を捧げたいと存じます。また、今回の晋山式を厳修するに際して、それぞれ西堂職《せいどう》と後堂職《ごどう》をお勤めくださる両隣寺の瑞光寺御住職柴田尚明老師と、浄元寺御住職服部秀世老師をはじめ、関係御寺院に満腔の謝意を表します。同じく、当院を支えてくださる檀信徒各位に対しても、深甚の謝意を表します。さらに、本書の刊行をご快諾くださった大法輪閣、ならびに編集作業をご担当くださった佐々木隆友氏と、ご協力くださったすべての方に対して、心からの御礼を申し上げます。

最後に、私事にわたって恐縮ですが、今回の晋山式と本書の刊行を見ることなく、昨年九月に母が他界したことは大変に残念なことでした。その母の冥福を祈りつつ、あわせて一切衆生《いっさいしゅじょう》の成仏を祈りながら、あとがきの筆を擱《お》くことにいたします。

平成二十七年春彼岸

医王山顕光院　新命住職　木村 文輝　九拝

【著者略歴】

木村　義祐（きむら・ぎゆう）

曹洞宗顕光院 26 世住職・元静岡刑務所教誨師。明治 36 年生まれ。東洋大学卒業。曹洞宗静岡県中部教区連合会初代会長。昭和 58 年遷化。

木村　自佑（きむら・じゆう）

曹洞宗顕光院 27 世住職・静岡刑務所教誨師。昭和 8 年生まれ。駒沢大学文学部哲学科卒業。南カリフォルニア大学（USC）文学部社会学科卒業。平成 24 年瑞寶雙光章。

木村　文輝（きむら・ぶんき）

曹洞宗顕光院 28 世住職・静岡刑務所教誨師。昭和 39 年生まれ。名古屋大学文学部卒業・同大学院修了。インド・プーナ大学大学院留学。愛知学院大学文学部教授、博士（文学、名古屋大学）。
著書に『ラーマーヌジャの救済思想』（山喜房佛書林）、『生死の仏教学』（法藏館）、『挑戦する仏教』（編著、法藏館）、『宇津ノ谷峠の地蔵伝説』（静岡新聞社）ほか。

医王山顕光院
〒420−0029 静岡市葵区研屋町45番地

三代《さんだい》のほとけ　——現世《げんせ》を切《き》り開《ひら》く智慧《ちえ》と慈悲《じひ》

平成 27 年　4 月　26 日　初版第 1 刷発行

著　者	木村義祐／木村自佑／木村文輝
発行人	石原大道
印刷・製本	三協美術印刷株式会社
発行所	有限会社 大法輪閣 〒 150−0011 東京都渋谷区東 2−5−36 大泉ビル2F TEL　(03) 5466−1401(代表) 振替　00130−8−19 番 http://www.daihorin-kaku.com

　ISBN978−4−8046−8205−1　C0015